통 성경 통通 포물라
FORMULA for TONGBIBLE

B.C.   **A.D.**

중간사 400년

모세 5경

왕정 500년
B.C.1050 사울 왕정 시작
B.C.586 시드기야 왕정 종료

페르시아 7권

신구약 중간사 400년

4복음서
A.D.33 십자가 사건

사도행전 30년
A.D.64 로마대화재

공동서신 9권

"네 자녀에게 가르치라!"
Teach them to your Children

분위기와 질문

트랙 1 - 모세5경
분위기 : 하나님의 꿈인 '제사장 나라 set-up'
질 문 : 왜 모세, 여호수아, 기드온, 사무엘은
왕이 되지 않으려 노력까지 했는가?

트랙 2 - 왕정 500년
분위기 : 왕과 선지자들의 대립과 협력
질 문 : 왜 다단, 엘리야, 이사야, 예레미야는 왕과 대립했는가?

트랙 3 - 페르시아 7권
분위기 : 페르시아 제국의 협력 속에서 다시 시작하는 제사장 나라
질 문 : 왜 스룹바벨, 에스라, 에스더, 느헤미야는
페르시아 제국의 고위공직자가 되었음에도
동시대 도우들인 유대인들에게 오히려 존경을 받았는가?

트랙 4 - 신구약중간사 400년
분위기 : 구약성경의 세계화와 유대 분파의 형성
질 문 : 왜 유대인은 사두개파, 바리새파, 에세네파로 분파되었는가?

트랙 5 - 4복음서
분위기 : 하나님 나라의 set-up
질 문 : 왜 예수님은 사두개파, 바리새파보다
세리와 창기들을 천국으로 예('었는가?"

트랙 6 - 사도행전 30년
분위기 : 대제사장들과 사도들의 대립 속에서
땅끝까지 하나님 나라의 복음이 전파
질 문 : 왜 대제사장 세력들은 30년 동안 야고보와 스데반을 죽이고,
더 나아가 바울을 사십에 하나 감한 매를 다섯 번이나 때렸는가?

트랙 7 - 공동서신 9권
분위기 : 로마 제국의 박해 속에서 하나님 나라 실현
질 문 : 왜 470명이 로마 군인들까지 동원해 사도 바울을 지켜주었던
로마제국은 로마 시민인 사도 바울을 죽였으며,
사도 요한을 밧모 섬에 유배 보내는가?

48시간
역사순 성경듣기
가이드북

48시간 역사순 성경듣기 가이드북

초 판 1쇄 발행 2013년 9월 24일
개정판 1쇄 발행 2014년 12월 17일
　　　 3쇄 발행 2018년 3월 26일

지은이 · 조병호
펴낸곳 · 도서출판 **통독원**
디자인 · 전민영

주소 · 서울시 강남구 논현동 278-3
전화 · 02)525-7794
팩 스 · 02)587-7794
홈페이지 · www.tongdok.net
등록 · 제22-2766호(2005.6.27)

ISBN 978-89-92247-76-4 03230

48시간
역사순 성경듣기
가이드북

조병호 지음

통독원

● 들어가면서

기독교의 두 날개는 '교회'와 '성경'입니다. 창공에서 두 날개를 활짝 펼치고 나는 새가 자유롭듯이, 예수 그리스도의 복된 소식을 전하는 기독교는 예수 그리스도를 주라고 고백하는 성도들의 모임인 '교회'와 살아계신 하나님의 말씀인 '성경'이 함께 있어야 완전한 기독교라 할 수 있습니다.

복음이 이 땅에 들어온 이래 하나님의 크신 은혜 가운데 예수 믿는 사람들의 수가 많아져 전국 방방곡곡에 주의 십자가가 많이 세워졌습니다. 얼마나 감사한지 모르겠습니다. 그런데 교회는 풍성해진 것 같은데, 한편으로 성경은 교회에 비해 다소 약하다는 생각이 듭니다. 수십 년 교회를 다녔음에도 불구하고 자기 자녀에게 살아계신 하나님의 말씀인 성경을 가르칠 수 있는 진정한 크리스천 부모는 얼마나 될까 생각해보면 더욱 그렇습니다.

하나님께서는 출애굽한 이스라엘 백성이 약속의 땅 가나안에 들어가기 직전 모세를 통해 다음과 같이 말씀하셨습니다.

"이는 곧 너희의 하나님 여호와께서 너희에게 가르치라고 명하신 명령과 규례와 법도라 너희가 건너가서 차지할 땅에서 행할 것이니 곧 너와 네 아들과 네 손자들이 평생에 네 하나님 여호와를 경외하며 내가 너희에게 명한 그 모든 규례와 명령을 지키게 하기 위한 것이며 또 네 날을 장구하게 하기 위한 것이라 이스라엘아 듣고 삼가 그것을 행하라 그리하면 네가 복을 받고 네 조상들의 하나님 여호와께서 네게 허락하심 같이 젖과 꿀이 흐르는 땅에서 네가 크게 번성하리라 이스라엘아 들으라 우리 하나님 여호와는 오직 유일한 여호와이시니 너는 마음을 다하고 뜻을 다하고 힘을 다하여 네 하나님 여호와를 사랑하라 오늘 내가 네게 명하는 이 말씀을 너는 마음에 새기고 네 자녀에게 부지런히 가르치며 집에 앉았을 때에든지 길을 갈 때에든지 누워 있을 때에든지 일어날 때에든지 이 말씀을 강론할 것이며 너는 또 그것을 네 손목에 매어 기호를 삼으며 네 미간에 붙여 표로 삼고 또 네 집 문설주와 바깥 문에 기록할지니라"(신 6:1-9).

하나님께서는 이스라엘 백성이 약속의 땅인 가나안에 들어가서 농사를 짓든, 고기를 잡든, 장사를 하든, 어떤 직업에 종사하든지 모든 부모 된 자들은 반드시 자기 자녀에게 성경을 가르치라고 말씀하셨습니다. 이 말씀이 성직자인 제사장들에게 주신 말씀이 아니고, 가나안 땅에 들어가는 모든 부모들에게 주신 말씀이라는 사실에 주목해야 할 것입니다.

오늘날 교육의 기초라 할 수 있는 가정교육이 크게 약화되면서, 교육은 일단 학교와 학원을 중심으로 이루어지고 있다고 생각합니다. 그러나 교육은 단지 교과목만이 아니고 인성교육과 남을 배려하는 사회 시민교육 또한 무척 중요함을 강조하지 않을 수 없습니다. 그리고 국어, 영어, 수학 등의 과목은 부모가 자녀에게 가르치지 못한다 해도 크게 문제가 되지 않지만, 성경만은 반드시 부모가 자기 자녀에게 가르쳐야 한다는 것이 성경을 통해 우리에게 주신 하나님의 요구이자 명령입니다.

이는 부모가 자녀에게 성경을 가지고 '설교'를 하라는 것이 아니고, 성경을 있는 그대로 틀리지 않게 '설명'(이야기)하라는 것입니다. 여기에서 '설명'이라는 단어에 집중할 필요가 있습니다. 선생님들이 학교에서 제자들에게 가르치는 것이 바로 정확한 설명이기 때문입니다.

자기 자녀에게 성경을 가르치기 위해서 부모는 성경을 반드시 열심히 공부해야 합니다. 자녀에게 틀린 것을 가르쳐주면 안 되기 때문입니다. 그리고 성경은 66권 전체를 모두 가르쳐야 합니다. 어머니가 자녀들에게 반찬을 골고루 먹이려고 모든 노력을 다 하듯이 성경 66권 가운데 어느 한 권도 소홀히 하거나 빠뜨리지 말아야 합니다.

48시간 역사순 성경듣기는 그런 의미에서 짧은 시간 집중적으로 기적의 책인 성경 전체를 모두 들을 수 있는 놀라운 방법론입니다. **48시간 역사순 성경듣기**는 48시간 안에 성경 66권 전체를 역사순으로 듣는 방법입니다. 이것은 혼자서도 가능하고, 힘을 합해 여럿이서도 가능합니다. 교회에 모여 목사님과 전 성도들이 함께하면 더 좋습니다. 성경통독원에서 말씀을 사모하는 분들과 함께하면 더 좋고 말입니다.

70년간의 바벨론 포로 생활에서 돌아온 이스라엘 백성이 많은 어려움을 이겨내고 마침내 불타버렸던 예루살렘 성전을 재건하면서 성전의 기초를 놓고 일주일간, 그리고 성전 건축을 완성하고 나서 일주일간에 걸쳐 초막절을 지킨 이야기가 성경 〈에스라〉와 〈느헤미야〉에 기록되어 있습니다. 성경은 이스라엘 백성이 '초막절' 절기를 지키며 하나님의 말씀을 소리내서 낭독하고, 에스라가 그 뜻을 해석해주자 하나님의 말씀을 이해하게 된 백성들이 다 울었다고 증언하고 있습니다.

하나님의 말씀을 듣고 그 뜻을 이해하게 되면, 우리는 하나님의 사랑을 깨닫게 되기 때문에 당연히 울 수밖에 없습니다. 그런데 하나님의 진정한 사랑을 깨닫지 못하면 울 수 있는 실력조차 가질 수 없습니다.

초막절은 이스라엘의 3대 절기(유월절, 오순절, 초막절) 가운데 하나인데 일주일간 사방에 벽이 둘러쳐 있는 안전한 집에서 나와 텐트를 치고, 그 텐트 안에서 광야 40년을 기억하고 아버지와 아들이 '모세5경'을 함께 소리내서 읽고 들으며 하나님께서 우리를 얼마나 아끼고 사랑하시며 돌보셨는지를 확인하는 시간을 보내는 절기입니다. 그런 면에서 **48시간 역사순 성경듣기**는 마치 초막절처럼 48시간이라는 시간을 내고 그 시간 동안 집중적으로 살아계신 하나님의 말씀을 듣는 것이라 할 수 있습니다.

우리가 지금부터 듣고 읽어갈 성경은 기적의 책입니다. 살아계신 하나님의 말씀인 기적의 책 성경에는 물이 포도주로 변하는 기적에서부터 하나님의 아들이신 예수 그리스도가 나를 위해 죽으신 기적까지 인문, 사회, 자연과학으로는 설명할 수 없는 수많은 기적이 기록되어 있습니다. 성경 속 하나님의 사람들은 언제나 기적 가운데 살았습니다. 하나님께서 만드시는 기적은 과거로 종료된 것이 아닙니다. 오늘 나에게도 얼마든지 일어날 수 있고, 앞으로 다가올 미래에도 언제나 누구에게든지 일어날 수 있습니다.

본서와 함께 48시간 동안 성경 전체를 들으며, 하나님께서 그동안 이 말씀을 우리 귓전에 들려주시기 위해 얼마나 오랫동안 기다려 주셨는지를 깊이 묵상하는 시간이 되기를 간절히 바랍니다.

2013년 가평 성경통독원에서

성경은 '예수 이야기'(Jesus Story)입니다. 〈창세기에〉서부터 〈말라기〉까지 구약성경은 예수 그리스도의 백 스토리(Back Story)이고, 신약성경의 〈마태〉, 〈마가〉, 〈누가〉, 〈요한〉 사복음서는 본격적인 예수님의 이야기입니다. 그리고 〈사도행전〉에서 〈요한계시록〉까지는 '예수 이야기'를 가진 사람들의 이야기입니다. 성경의 예수 이야기 전체가 나의 이야기가 되고 나의 노래가 된다면 그리스도인에게 이 보다 더 아름다운 소망이 또 어디에 있겠습니까?

"어떻게 하면 이 성경 이야기를 나의 이야기와 나의 노래로 만들 것인가?"(How to make the Bible into my story, my song?) 이 문제에 대해 크게 다섯 가지로 답을 찾아가보려 합니다.

첫째, Hear (귀로 들으라)
둘째, Read a loud (소리 내어 읽으라)
셋째, Read with eyes (눈으로 읽으라)
넷째, Hand write (손으로 쓰라)
다섯째, Meditate (마음으로 묵상하라.)

이 다섯 가지 방법을 통해서 우리는 이 성경을 나의 이야기 나의 노래로 만들 수 있습니다. 성경을 나의 이야기와 나의 노래로 만들 수 있는 다섯 가지 방법 가운데 첫 번째가 바로 귀로 성경을 들으라는 것입니다. 다음은 성경에 기록된 여리고 성 사람 라합의 증언입니다.

"이는 너희가 애굽에서 나올 때에 여호와께서 너희 앞에서 홍해 물을 마르게 하신 일과 너희가 요단 저쪽에 있는 아모리 사람의 두 왕 시혼과 옥에게 행한 일 곧 그들을 전멸 시킨 일을 우리가 들었음이니라"(수 2:10).

가나안의 여리고 성에 살고 있던 라합이라는 여인이 40년 전에 이스라엘이 출애굽했던 사실과, 40년이 지나 모세가 요단 강 동편의 바산 지역을 점령한 두 사건을 들어서 이미 알고 있다고 말하고 있는 것입니다. '신문을 통해서 읽었다'가 아니라, 귀로 들었다는 것입니다.

그리고 그 이야기를 듣고 난 후,

"우리가 듣자 곧 마음이 녹았고 너희로 말미암아 사람이 정신을 잃었나니 너희의 하나님 여호와는 위로는 하늘에서도 아래로는 땅에서도 하나님이시니라"(수 2:11).

눈으로 본 것도 아니고 듣기만 했음에도 불구하고 '하나님이 상천하지의 하나님'인 줄 알게 되었다는 것입니다. 듣게 되면 알게 된다는 것입니다. 때문에 성경은 "믿음은 들음에서 난다."(Faith comes from hearing)라고 가르쳐주고 있습니다.

두 번째 방법은 성경을 소리 내서 읽으라는 것입니다.

"제육시로부터 온 땅에 어둠이 임하여 제구시까지 계속되더니 제구시쯤에 예수께서 크게 소리 질러 이르시되 엘리 엘리 라마 사박다니 하시니 이는 곧 나의 하나님, 나의 하나님, 어찌하여 나를 버리셨나이까 하는 뜻이라"(마 27:45-46).

이 본문에서 예수님께서는 마지막 죽을힘을 다해 크게 소리 지르셨다고 성경은 증언하고 있습니다. 만약 이 본문을 눈으로만 읽는다면, 우리는 예수님께서 십자가위에서 마지막 사력을 다해 소리 지르신 부분을 끝내 감도 잡지 못해볼 것입니다. 한번 큰 소리로 이 본문을 예수님처럼 읽어보십시오. 얼마나 깊고 다른 감동을 얻게 되는지 스스로 놀라게 될 것입니다.

"오순절 날이 이미 이르매 그들이 다같이 한 곳에 모였더니 홀연히 하늘로부터 급하고 강한 바람 같은 소리가 있어"(행 2:1-2).

급하고 강한 바람, 이것은 태풍입니다. 그 태풍은 메가톤급 태풍이었고, 그 태풍의 '소리'가 지나갔다는 것입니다. 이것이 성령 강림의 시작이었습니다. 예수님께서는 부활하시면서 성령을 보내겠다고 말씀하셨습니다. 그런데 그 성령이 임하실 때 소리로 임하셨다는 것입니다. 성령이 큰 소리로 지나가고, 그 다음에 마치 불의 혀처럼 갈라지는 것들이 그들에게 보이기 시작했다는 것입니다. 소리가 한 번 있고, 그 다음에 보이는 것이 있었다는 것입니다.

이처럼 성경은 귀로 듣고, 소리 내서 읽고, 그 다음에 눈으로 읽으면 하나님의 말씀이 꿀송이처럼 달다는 것을 깨닫게 되는 것입니다. 그리고 성경을 필사하고, 마음으로 묵상하면 됩니다. 하나님의 말씀을 들어보지도 않고, 소리 내서 읽어보지도 않고, 눈으로 읽어보지도 않고, 손으로 써보지 않았으면서, 하나님의 말씀을 묵상하고 말씀을 나누겠다고 하는 것은 다시 한 번 깊이 고려해야 할 일이라 생각됩니다.

그렇다면 성경을 나의 이야기 나의 노래로 만들기 위한 첫 번째 단계인 '성경듣기'를 어떻게 하는 것이 가장 좋은지를 살펴보겠습니다. 이것도 다섯 가지 방법으로 하는 것이 효과적입니다.

첫째, 성경을 역사순으로 듣는다.
둘째, 그룹을 지어 함께 듣는다.
셋째, 스마트폰으로 하루에 1시간씩 매일 듣는다.
넷째, 볼륨과 속도를 개인적으로 튜닝해서 듣는다.
다섯째, 산책이나 설거지 등 활동하면서 듣는다.

첫째, 성경을 역사순으로 듣는다. 역사순으로 성경을 들으면 성경이 매우 쉽고 귀에 쏙쏙 들어오게 됩니다. 우리 성경은 〈창세기〉, 〈출애굽기〉, 〈레위기〉, 〈민수기〉, 〈신명기〉, 〈여호수아〉, 〈사사기〉, 〈룻기〉, 〈사무엘상·하〉, 〈열왕기상·하〉, 〈역대상·하〉 그 다음에 〈에스라〉, 〈느헤미야〉, 〈에스더〉 그 다음에 〈시편〉, 〈욥기〉, 〈잠언〉, 〈전도서〉, 〈아가〉, 〈이사야〉, 〈예레미야〉, 〈예레미야애가〉, 〈에스겔〉, 〈다니엘〉 등의 순서로 되어 있습니다.

그런데 이 순서대로 성경을 읽으면 사건을 이해하기 어렵다는 것입니다. 예를 든다면, 우리 성경은 〈느헤미야〉가 먼저 나오고 한참 뒤에 가서 〈예레미야〉가 나옵니다. 그런데 이렇게 읽으면 성경을 이해하는 데 어려움이 많다는 것입니다. 오히려 〈예레미야〉를 먼저 읽고, 〈느헤미야〉를 다음에 읽는 게 좋습니다. 예레미야가 느헤미야보다 150년이나 먼저 살았던 사람이기 때문입니다.

예레미야는 〈예레미야애가〉에서 다음과 같이 기록하고 있습니다. 〈예레미야애가〉는 예루살렘 성과 예루살렘 성전이 바벨론 군인들에게 침략당해 파괴되고 불태워진 뒤에 기록된 하나님의 말씀입니다.

"슬프다 이 성이여 본래는 거민이 많더니 이제는 어찌 그리 적막히 앉았는고 본래는 열국 중에 크던 자가 이제는 과부 같고 본래는 열방 중에 공주 되었던 자가 이제는 조공 드리는 자가 되었도다 밤새도록 애곡하니 눈물이 뺨에 흐름이여"(애 1:1-2, 개역한글).

"내 눈이 눈물에 상하며 내 창자가 끓으며 내 간이 땅에 쏟아졌으니 이는 처녀 내 백성이 패망하여 어린 자녀와 젖 먹는 아이들이 성읍 길거리에 혼미함이로다"(애 2:11, 개역한글).

"내 고초와 재난 곧 쑥과 담즙을 기억하소서 내 심령이 그것을 기억하고 낙심이 되오나 중심에 회상한즉 오히려 소망이 있사옴은 여호와의 자비와 긍휼이 무궁하시므로 우리가 진멸되지 아니함이니이다 이것이 아침마다 새로우니 주의 성실이 크도소이다"(애 3:19-23, 개역한글).

이것은 바벨론 군인들에 의해 예루살렘 성이 침략당하는 과정에서 성안에 있던 성전과 왕궁이 불타고, 그 성을 불태우는 사람들에 의해서 수많은 남자들이 죽고 여자들이 폭행당하고 어린아이들이 고아가 되면서 발생하는 사건들을 이렇게 표현한 것입니다.

그런데 이 사건이 있고 150년 만에 그 예루살렘의 슬퍼하는 소리가 기뻐하는 소리로 바뀌었다는 것이 〈느헤미야〉입니다. 그러므로 〈느헤미야〉는 반드시 〈예레미야〉를 읽고 난 다음에 읽어야 하는 것입니다.

다음은 느헤미야의 말씀입니다.
"예루살렘 성곽이 낙성되니"(느 12:27, 개역한글).

"이 날에 무리가 크게 제사를 드리고 심히 즐거워하였으니 이는 하나님이 크게 즐거워하게 하셨음이라 부녀와 어린 아이도 즐거워하였으므로 예루살렘의 즐거워하는 소리가 멀리 들렸느니라"(느 12:43, 개역한글).

즉, 느헤미야 때 예루살렘 내에서 성벽이 다시 만들어짐으로 말미암아 여인들과 아이들이 심히 기뻐서 크게 웃었는데 이 웃음소리가 온 예루살렘에 울려 퍼졌다는 것입니다. 그렇다면 예루살렘이 무너지는 슬픔의 노래를 먼저 듣고, 그 다음에 예루살렘이 기뻐하는 이 웃음소리를 듣는 것이 맞는 순서입니다. 이것이 역사순 스토리로 성경을 들어야 하는 이유입니다. 이것이 구약의 한 예라면 신약의 예도 있습니다.

신약성경도 우리가 지금 가지고 있는 성경으로 처음부터 순서대로 읽어나가면, 〈로마서〉를 읽고 나서 〈고린도전 · 후서〉를 읽게 됩니다. 그런데 역사순으로는 〈고린도전 · 후서〉가 먼저이고, 〈로마서〉는 〈고린도전 · 후서〉보다 나중에 기록된 책이라는 것입니다.

사도 바울이 〈고린도전 · 후서〉에서 다음과 같이 기록하고 있습니다.

"성도를 위하는 연보에 관하여는 내가 갈라디아 교회들에게 명한 것 같이 너희도 그렇게 하라 매주 첫날에 너희 각 사람이 수입에 따라 모아 두어서 내가 갈 때에 연보를 하지 않게 하라 내가 이를 때에 너희가 인정한 사람에게 편지를 주어 너희의 은혜를 예루살렘으로 가지고 가게 하리니"(고전 16:1-3).

사도 바울이 이런 이야기를 〈고린도전서〉에서 한 것입니다. 그런가 하면 사도 바울은 〈고린도후서〉에서 이와 이야기와 비슷한 이야기를 또 합니다.

"이 은혜와 성도 섬기는 일에 참여함에 대하여 우리에게 간절히 구하니 우리가 바라던 것뿐 아니라 그들이 먼저 자신을 주께 드리고 또 하나님의 뜻을 따라 우리에게 주었도다"(고후 8:4-5).

"우리 주 예수 그리스도의 은혜를 너희가 알거니와 부요하신 이로서 너희를 위하여 가난하게 되심은 그의 가난함으로 말미암아 너희를 부요하게 하려 하심이라"(고후 8:9).

"이는 다른 사람들은 평안하게 하고 너희는 곤고하게 하려는 것이 아니요 균등하게 하려 함이니"(고후 8:13). 그러면서 또 그가 말하기를 이렇게 썼습니다. "성도를 섬기는 일에 대하여 내가 너희에게 쓸 필요가 없나니 이는 내가 너희의 원함을 앎이라 내가 너희를 위하여 마게도냐인들에게 아가야에서는 일 년 전부터 예비하였다 자랑하였는데 과연 너희 열심이 퍽 많은 사람들을 격동시켰느니라"(고후 9:1-2, 개역한글).

사도 바울은 자신이 개척한 마게도냐에 있는 빌립보 교회와 데살로니가 교회, 그리고 아가야에 있는 고린도 교회 양쪽에 이야기를 건넨 적이 있었던 것입니다. 그 내용은 다름 아닌 가난한 예루살렘 교회를 돕기 위해 양쪽 교회가 구제금을 모았으면 좋겠는데 서로 경쟁까지 하면서 모으라고 그들을 격려시켰던 것입니다.

그리고 〈로마서〉를 보면 다음과 같습니다.

"그러므로 또한 내가 너희에게 가려 하던 것이 여러 번 막혔더니 이제는 이 지방에 일할 곳이 없고 또 여러 해 전부터 언제든지 서바나로 갈 때에 너희에게 가려는 원이 있었으니 이는 지나가는 길에 너희를 보고 먼저 너희와 교제하여 약간 만족을 받은 후에 너희의 그리로 보내줌을 바람이라 그러나 이제는 내가 성도를 섬기는 일로 예루살렘에 가노니 이는 마게도냐와 아가야 사람들이 예루살렘 성도 중 가난한 자들을 위하여 기쁘게 얼마를 동정하였음이라"(롬 15:22-26, 개역한글).

사도 바울은 이제 〈고린도전·후서〉에서 언급했던 마게도냐 교회들과 아가야 교회에서 모은 구제금을 가지고 예루살렘 교회를 돕기 위해 가겠다고 기록하고 있는 것입니다. 때문에 역사순으로 성경을 들고 읽으면 이 모든 이야기들이 물 흐르듯 어렵지 않게 다 이해가 되는 것입니다.

둘째, 그룹을 지어 함께 듣는다. 이 방법의 장점은 엄마와 어린아이가 함께 하나님의 말씀을 들을 수 있다는 것입니다. 태교로부터 겨우 한두 살 된 어린아이도 하나님의 말씀을 엄마와 함께 듣는 것입니다. 태어난 그날부터 엄마와 아이가 함께 하루에 한 시간씩 성경을 들으면 1년에 10번 듣고, 그 아이가 5살이 되면 성경을 50번을 들은 아이가 되어 있는 것입니다. 그 아이는 세상과 싸워 반드시 이길 것입니다. 이건 읽기로는 불가능합니다. 듣기로 가능한 것입니다.

성경을 소리 내서 읽는다, 눈으로 읽는다, 손으로 쓴다, 그 다음 마음으로 묵상하는 것입니다. 묵상은 한참 지나야 할 수 있는 일이지만, 귀로 듣는 것은 엄마하고 팀만 짜면 엄마 뱃속에서부터 시작한다면 성경을 1년에 10번 듣고 세상에 나올 수도 있다는 것입니다. 아이가 하나님 말씀을 들으면 믿음이 생기고, 당연히 믿음은 자랄 수밖에 없습니다.

모세가 120세에 책 다섯 권(모세5경)을 써서 이스라엘 백성 60만 명에게 선물로 건네줍니다. 그러면서 하는 말이 다섯 권의 책을 '네 자녀에게 가르치라'고 했습니다. 그런데 그 다섯 권의 책을 부모가 각자 자기 자녀에게 가르치는 방법론으로

첫째, 집에 앉았을 때에든지
둘째, 길을 행할 때에든지
셋째, 누웠을 때에든지
넷째, 일어날 때에든지 가르치라는 것입니다.

집에 앉았을 때에는 책을 읽을 수 있습니다. 그런데 길을 행할 때는 책을 읽을 수 없습니다. 누웠을 때나 일어나는 순간도 책을 읽을 수 없습니다. 하지만 하나님의 말씀을 들을 수는 있습니다. 때문에 부모와 자녀, 형제와 자매, 친한 친구들이 그룹을 지어 함께 성경을 들으면 효과가 더 크다는 것입니다.

셋째, 스마트폰으로 하루에 1시간씩 매일 듣는다. 요즘 스마트폰에 대한 부작용이 심심치 않게 드러나고 있습니다. 우리나라는 전 세계에서 스마트폰을 가장 월등하게 사용하는 나라에 속합니다. 그러나 오히려 그 스마트폰을 하나님의 말씀을 듣는 데 활용한다면 이보다 더 좋은 방법이 없다고 생각합니다. 따로 녹음기를 들고 다니며 성경을 듣는 것은 너무 불편한 일이지만, 스마트폰은 사용도 간편하고, 언제 어디서나 들을 수 있는 놀라운 장점이 있기 때문입니다. 스마트폰을 사용해서 매일 1시간씩 성경을 들으면, 1년에 10번 성경을 듣는 일은 너무 쉬워서 스스로도 다들 놀랄 것입니다.

넷째, 볼륨과 속도를 개인적으로 튜닝해서 듣는다. 이미 녹음되어 있는 성경을 각자 자신에게 맞게 볼륨과 속도를 조절해서 듣는 것입니다. 성경듣기를 시작하면 큰 글씨 없이는 성경을 읽지 못하셨던 어르신들도 성경을 들으며 믿음이 자랄 수 있고, 어린아이들도 성경을 들으며 재미있어 할 것입니다. 속도와 볼륨을 개인에 맞게 튜닝해서 하나님의 아름다운 말씀을 들으십시오.

다섯째, 산책이나 설거지 등 활동하면서 듣는다. 설거지나 산책을 하면서 책을 읽는 것은 불가능합니다. 그런데 듣기는 참으로 쉽습니다. 라디오를 들으며 일하는 사람들이 많듯이 말입니다. 활동하면서 늘 하나님의 말씀을 듣는다면, 생각 이상으로 성경을 들을 수 있는 시간이 많음을 깨닫게 될 것입니다. 1년 10번 듣기가 매우 쉽다는 것을 곧 알게 될 것입니다.

새로운 혁명이 시작되었습니다. 이렇게 성경을 듣는 것으로 시작해 1년에 10번씩 성경을 듣게 되면, 이 아름다운 하나님의 말씀인 성경은 '나의 이야기 나의 노래'가 될 것입니다. 그리고 성경을 소리 내서 읽고, 눈으로 읽고, 손으로 쓰고, 마음으로 묵상하면 성경에 대해 조각 지식을 조금 아는 정도가 아니라, 성경 전체가 모두 '나의 이야기 나의 노래'가 되어 모든 부모들이 자기 자녀에게 성경을 가르치는 일이 꿈인 아닌 현실이 될 것입니다.

2017년, 종교개혁 500주년을 앞두고 이 땅에 수많은 사람들이 성경을 가슴에 모두 담아버리는 그런 기적을 꿈꿉니다.

● 목차

부록

I

48시간
역사순 성경듣기
오리엔테이션

1. 역사순 《1년1독 통독성경》

48시간이면 창세기에서부터 요한계시록까지 성경 전체를 다 들을 수 있다고 말씀드리면 대체로 놀라시는 분들이 많습니다. 그러나 이것은 사실입니다. 그리고 48시간 동안 성경에 집중하면서 성경 전체를 들으면 그 효과는 상상을 초월할 정도로 놀랍습니다.

예를 들어, 펄 벅의 《대지》라는 소설을 하루에 3장씩 약 3년에 걸쳐 다 읽었다고 가정해 보십시오. 그렇다면 그 책을 3년 만에 다 읽었다는 만족과 성취감은 있겠지만, 집중해서 며칠 밤을 새워 읽은 사람과는 감동의 차이가 하늘과 땅만큼 클 것입니다. 책은 한 번 잡았다 하면 한 2-3일 밤을 새워서라도 한꺼번에 처음부터 끝까지 다 읽어야 감동도 받고 그 책의 내용을 잘 이해할 수도 있습니다.

그리고 고전을 비롯한 다소 어려운 인문학 책이나 아주 두꺼운 분량의 전공서적을 읽는 좋은 독서방법은 처음 한두 번은 빠른 시간 내에 전체를 읽어 그 내용을 먼저 파악하고 나서, 다시 천천히 그 내용을 처음부터 끝까지 깊이 있게 읽는 것입니다.

성경은 66권이자 동시에 1권인 책입니다. 이는 다시 말해 성경 66권이 모두 각 권으로 완성도가 높은 책인데, 동시에 전체를 1권으로 읽어도 완벽한 책이라는 것입니다. 세상에 이런 책은 성경 외에는 어디에도 없습니다. 그 놀라운 책이 우리 손에 들려 있는 것입니다. 그런데 우리는 성경 66권을 보다 효과적으로 읽을 수 있는 방법이 있습니다. 그 방법은 다름 아닌 역사순으로 재배열해서 성경을 듣고 읽는 것입니다.

역사순 《1년1독 통독성경》은 성경 66권을 역사순으로 재배열했을 뿐 아니라, 성경 전체를 365일 분량으로 나누어 놓았기 때문에 매일 매일의 건강을 체크하듯이 성경을 얼마나 들었는지 확인할 수 있는 장점이 있습니다. 그래서 하루에 10일 분량을 듣는다면, 성경 전체를 36.5일이면 들을 수 있습니다. 그렇게 하면 성경을 1년에 1번 통독하는 것은 너무 쉬운 일이고, 더 나아가 1년에 10독까지도 어려운 일이 아님을 알게 됩니다.

성경을 1년 동안 10번을 듣고 나면, 누구나 느끼게 되는 공감이 있습니다. 그것은 바로 성경을 1년에 걸쳐 10번을 계속해서 들었는데도 불구하고 성경이 생각 이상으로 어려운 책이라는 사실을 발견하게 된다는 것입니다. 그런데 그것을 아는 것이 사실 실력입니다. 그 전에는 성경이 그렇게 어려운 책이었는지도 알지 못하기 때문입니다.

그래서 성경은 공부해야 하는 책입니다. 그러면 에스라와 같은 월등한 학사가 평생에 걸쳐 성경을 연구하고, 성경을 가르치고, 성경을 실천하며 살겠다고 결심했던 이유에 대해 고개가 끄덕여지게 되는 것입니다. 성경은 평생에 걸쳐 공부하고 또 공부해야 하는 인류 최고의 책 중에 책이고, 경전 중에 경전입니다.

자녀에게 성경을 가르칠 정도의 부모가 되려면 어려서부터 성경을 듣고 읽고 배워야 함이 당연합니다. 그러기 위해서 먼저 성경을 듣지 않고서는 불가능합니다. 이미 음성으로 녹음된 역사순《1년1독 통독성경》을 들으며 하나님의 말씀에 귀 기울인다면, 48시간 만에 성경 전체를 역사순으로 들을 수 있습니다. 그리고 하나님께서는 우리가 하나님 말씀에 귀 기울이며 집중하기에 크게 기뻐하실 것입니다. 물론 우리가 받게 될 은혜는 상상할 수 없을 정도이고 말입니다.

2. WARM-HEART

48시간 역사순 성경듣기는 역사순으로 성경을 들어가면서 동시에 27번에 걸쳐

〈WARM-HEART〉를 정리합니다. 〈WARM-HEART〉란, **48시간 역사순 성경듣기** 프로그램에서 휴식시간과 식사시간을 제외하고 대략 약 1시간에서 1시간 30분가량씩 27번에 걸쳐 성경을 듣는 가운데 그 장에서 전체 이야기(Whole story), 분석(Analysis), 암송(Recitation), 묵상(Meditation), 그리고 하나님의 마음(Heart of God)을 모두 살피는 것입니다. 그래서 〈WARM-HEART〉를 통해 성경 전체의 이야기를 가지게 되고, 마침내 하나님의 마음까지 헤아리게 되는 것입니다.

〈WARM-HEART〉
전체 이야기(Whole story)
분석(Analysis)
암송(Recitation)
묵상(Meditation)
하나님의 마음(Heart of God)

우리는 하나님의 말씀을 사랑하고 사모하므로 때때로 성경 구절 암송하기를 좋아합니다. 그런데 그렇게 정성을 다해 외운 암송 구절이 시간이 지남에 따라 자꾸 잊히게 되니 안타깝기 그지없습니다.

예를 들어, 성경에서 정말 좋은 말씀을 골라 100구절을 약 2달에 걸쳐 외웠다고 생각해 봅시다. 그런데 그렇게 귀한 마음으로 기도하며 외운 말씀 100구절은 한 달이 채 가기 전에 50구절 이상 잊어버리고 시간이 더 지나면 머릿속에 남는 구절은 몇 구절 되지 않습니다. 왜 그럴까요?

그것은 성경 전체의 이야기(story)를 다 이해하지 못하고 외우기 때문입니다. 어르신들은 연세가 높아도 과거의 이야기들을 놀랍게도 모두 기억하십니다. 과거의 모든 사건들을 이야기로 기억하고 계시기 때문입니다.

때문에 〈WARM-HEART〉는 성경 속 사건들을 정확하게 이야기(story)로 먼저 공부하고, 그 내용을 분석한 후에 중요 구절을 외우는 것입니다. 그렇게 외운 요절을 가지고 늘 묵상하며 기도하면 시간이 흐른다 하여도 우리가 외운 성경 말씀의 귀한 요절들은 잊을 수가 없습니다. 그리고 그 말씀 가운데 하나님의 마음을 헤아리면, 성경은 과거의 책이 아닌 오늘 내게 들려주시는 하나님의 말씀으로 다시 살아나게 되는 것입니다.

모든 그리스도인들은 누구나 하나님의 뜻대로 살기를 원합니다. 특정한 누군가만 하나님의 뜻을 아는 것이 아닙니다. 하나님께서는 하나님의 뜻을 성경에 모두 기록하여 우리에게 선물로 주셨습니다. 때문에 성경을 듣고 읽는 하나님의 사람들은 누구나 하나님의 뜻을 알 수 있습니다. 물론 성경을 겨우 한두 번 듣고 읽으며 하나님의 뜻을 다 알았다고 하면 곤란하겠지만 말입니다. 그리스도인들이 하나님의 뜻을 깨닫지 못하는 가장 큰 이유가 말씀을 듣지 않는다는 것에 있음은 자명한 일입니다. 하나님께서 우리에게 주신 귀한 선물인 성경을 우리가 듣고 읽지 않는다면, 우리에게 선물을 주신 하나님의 마음이 얼마나 안타깝겠습니까?

이제 하나님께서 우리에게 주신 가장 귀한 선물인 성경을 듣고 읽고, 그 가운데에서 하나님의 뜻을 발견하고 이 땅에 사는 동안 하나님의 뜻대로 사는 아름다운 그리스도인 되기를 꿈꿉시다.

〈WARM-HEART〉가 성경을 듣고 읽는 그리스도인들을 돕는 좋은 방법론이 되리라 생각합니다.

II

48시간
역사순 성경듣기
실제

● 활용법

1. 개인적으로 48시간 역사순 성경듣기를 하고자 할 때

1) **48시간 역사순 성경듣기**를 위해 먼저 역사순으로 성경을 통독할 수 있는《1년1독 통독성경》과《48시간 역사순 성경듣기 가이드북》, 그리고 낭독된 성경을 듣고 읽을 수 있도록 음향장비를 준비합니다.

2) **48시간 역사순 성경듣기**를 하기 전에《48시간 역사순 성경듣기 가이드북》을 통독 합니다.

3) **48시간 역사순 성경듣기**를 위한 시간 계획 즉, 3박 4일 시간을 확보합니다.

4) **48시간 역사순 성경듣기**를 앞두고 기도로 준비합니다.

5) **48시간 역사순 성경듣기**를 시작합니다. p.30의〈48시간 역사순 성경듣기 Time Table〉을 펼쳐 놓고 식사시간과 휴식시간까지 철저히 지키도록 노력합니다.

6)《48시간 역사순 성경듣기 가이드북》의 도움을 받아 27번에 나누어 48시간 동안 성 경 전체를 들으며〈WARM- HEART〉즉, 전체 이야기(Whole story), 분석(Analysis), 암송(Recitation), 묵상(Meditation), 그리고 하나님의 마음(HEART of God)을 놓치지 않 습니다.

7) 성경을 들으면서 혹시 피곤하거나 졸리면 서서 낭독 음성을 따라 소리 내서 읽으며 한 말씀이라도 놓치지 않기 위해 최선을 다합니다.

8) **48시간 역사순 성경듣기**를 마친 후, 기적의 책인 성경을 우리에게 선물로 주신 살 아계신 하나님께 감사의 기도를 드립니다.

2. 단체로 48시간 역사순 성경듣기를 하고자 할 때

1) **48시간 역사순 성경듣기**를 인도하는 인도자는 《48시간 역사순 성경듣기 가이드북》을 수차례 읽고 충분히 숙지하여 48시간 동안 성경을 역사순으로 들을 수 있도록 철저히 준비합니다.

2) **48시간 역사순 성경듣기**를 인도하는 인도자는 성경을 듣는 중에 PPT자료를 사용하면 더욱 좋습니다. 이때 PPT자료를 잘 활용할 수 있도록 사전에 충분히 리허설을 해야 합니다.

3) **48시간 역사순 성경듣기**를 인도하는 인도자는 성경을 듣는 과정 중 〈WARM-HEART〉 즉, 전체 이야기(Whole story), 분석(Analysis), 암송(Recitation), 묵상(Meditation), 그리고 하나님의 마음(HEART of God)을 잘 설명할 수 있도록 준비합니다. 그리고 27번에 걸쳐 전체 이야기를 4분 동안 설명할 수 있도록 먼저 〈WARM-HEART〉의 내용을 숙지합니다.

4) **48시간 역사순 성경듣기**를 인도하는 인도자와 참석자들이 합심하여 **48시간 역사순 성경듣기**를 앞두고 하나님의 도우심을 구하며 기도로 준비합니다.

5) **48시간 역사순 성경듣기**를 시작하기 전 충분한 오리엔테이션을 통해 서로 배려하고 협력하면서 살아계신 하나님의 말씀인 성경을 은혜 가운데 들을 수 있도록 합니다.

6) **48시간 역사순 성경듣기**를 인도하는 인도자와 참석자는 p.30의 〈48시간 역사순 성경듣기 Time Table〉을 함께 보면서 프로그램이 순조롭게 진행되도록 서로 협력합니다.

7) **48시간 역사순 성경듣기** 중에 종종 스트레칭을 하거나 식사 후에 가벼운 산책을 하며 성경을 듣는 데 도움이 되게 하는 것이 좋습니다. 그리고 성경을 듣는 중에 혹시 피곤하거나 졸리면 서서 낭독 음성을 따라 소리 내서 읽으며 한 말씀이라도 놓치지 않기 위해 최선을 다합니다.

8) **48시간 역사순 성경듣기**를 마친 후, 기적의 책인 성경을 우리에게 선물로 주신 살아계신 하나님께 감사의 기도를 드립니다.

● 48시간 역사순 성경듣기 Time Table

		시간	⟨1년1독 통독성경⟩ 범위	트랙설명	내용설명	통독	총 시간
첫째날	1	am.10:30–12:00	1–10일(창 1–30장)	찬양, 기도 : 3분	4분	72.7분	86.7분
				트랙1–모세5경 : 7분			
		pm.12:00–12:50		점심식사			
	2	12:50–2:20	11–22일(창 31장–출 13장)	•	4분	86.4분	90.4분
		2:20–2:30		휴식시간			
	3	2:30–4:00	23–35일(출 14장–레 10장)	•	4분	86.4분	90.4분
		4:00–4:10		휴식시간			
	4	4:10–6:00	36–52일(레 11장–민 21장)	•	4분	105.8분	109.8분
		6:00–6:50		저녁식사			
	5	6:50–8:40	53–67일(민 22장–신 28장)	•	4분	107.3분	111.3분
		8:40–8:50		휴식시간			
	6	8:50–10:30	68–80일(신 29장–삿 5장)	•	4분	92.9분	99.9분
				기도회 : 3분			
둘째날	7	am.6:30–8:00	81–90일(삿 6장–삼상 10장)	찬양, 기도 : 3분	4분	75분	89분
				트랙2–왕정 500년 : 7분			
		8:00–8:50		아침식사			
	8	8:50–10:20	91–104일(삼상 11장–삼하 10장)	•	4분	82.4분	86.4분
		10:20–10:30		휴식시간			
	9	10:30–12:00	105–116일(삼하 11장–왕상 10장)	•	4분	81.7분	85.7분
		pm.12:00–12:50		점심식사			
	10	12:50–2:20	117–130일(잠 1장–욥 3장)	•	4분	85.7분	89.7분
		2:20–2:30		휴식시간			
	11	2:30–4:00	131–144일(욥 4장–시 33편)	•	4분	86.4분	90.4분
		4:00–4:10		휴식시간			
	12	4:10–6:00	145–156일(시 35–134편)	•	4분	104.6분	108.6분
		6:00–6:50		저녁식사			
	13	6:50–8:40	157–170일(시 135편–암 9장)	•	4분	107.3분	111.3분
		8:40–8:50		휴식시간			
	14	8:50–10:30	171–184일(호 1장–사 35장)	•	4분	93.2분	100.2분
				기도회 : 3분			
셋째날	15	am.6:30–8:00	185–197일(왕하 18장–왕하 23장)	찬양, 기도 : 3분	4분	81.9분	88.9분
				•			
		8:00–8:50		아침식사			
	16	8:50–10:20	198–210일(습 1장–렘 28장)	•	4분	85분	89분
		10:20–10:30		휴식시간			
	17	10:30–12:00	211–223일(렘 29장–대상 3장)	•	4분	86.3분	90.3분
		pm.12:00–12:50		점심식사			
	18	12:50–2:20	224–236일(대상 4장–대하 17장)	•	4분	88.2분	92.2분
		2:20–2:30		휴식시간			
	19	2:30–4:00	237–248일(대하 18장–겔 20장)	•	4분	85.1분	89.1분
		4:00–4:10		휴식시간			
	20	4:10–6:00	249–263일(겔 21장–단 9장)	트랙3–페르시아 7권 : 7분	4분	96.4분	107.4분
		6:00–6:50		저녁식사			
	21	6:50–8:40	264–280일(단 10장–말 4장)	•	4분	105.9분	109.9분
		8:40–8:50		휴식시간			
	22	8:50–10:30	281–290일(마 1장–막 3장)	트랙4–중간사 400년 : 7분	4분	76.3분	97.3분
				트랙5–4복음서 : 7분			
				기도회 : 3분			
넷째날	23	am.6:30–8:00	291–303일(막 4장–눅 18장)	찬양, 기도 : 3분	4분	83.6분	90.6분
				•			
		8:00–8:50		아침식사			
	24	8:50–10:20	304–317일(눅 19장–행 5장)	트랙6–사도행전 30년 : 7분	4분	79분	90분
		10:20–10:30		휴식시간			
	25	10:30–12:00	318–332일(행 6장–고후 4장)	•	4분	84.3분	88.3분
		pm.12:00–12:50		점심식사			
	26	12:50–2:20	333–348일(고후 5장–딤전 6장)	•	4분	88.9분	92.9분
		2:20–2:30		휴식시간			
	27	2:30–4:20	349–365일(딛 1장–계 22장)	트랙7–공동서신 9권 : 7분	4분	90.1분	104.1분
				기도회 : 3분			

※ 위 Time Table은 성경통독원 ⟨48시간 역사순 성경듣기⟩ 프로그램을 기준으로 한 것입니다.

1 day

	시간	〈1년1독 통독성경〉 범위	트랙설명	내용설명	통독	총 시간
1	am. 10:30~12:00		찬양, 기도 : 3분			86.7분
		1~10일(창 1~30장)	트랙1 – 모세5경 : 7분	4분	72.7분	
	pm.12:00~12:50		점심식사			
2	12:50~2:20	11~22일(창 31장~출 13장)	·	4분	86.4분	90.4분
	2:20~2:30		휴식시간			
3	2:30~4:00	23~35일(출 14장~레 10장)	·	4분	86.4분	90.4분
	4:00~4:10		휴식시간			
4	4:10~6:00	36~52일(레 11장~민 21장)	·	4분	105.8분	109.8분
	6:00~6:50		저녁식사			
5	6:50~8:40	53~67일(민 22장~신 28장)	·	4분	107.3분	111.3분
	8:40~8:50		휴식시간			
6	8:50~10:30	68~80일(신 29장~삿 5장)	·	4분	92.9분	99.9분
			기도회 : 3분			

1 day	시간	am.10:30~pm.12:00	총 소요 시간	86.7분
1	듣기 범위	**창세기 1장~창세기 30장** (1~10일)		

진행률 ● 3.4%

● 시작 기도 Prayer (1분) – 다 같이

온 우주만물을 창조하신 살아계신 하나님,

하나님의 크신 은혜와 사랑에 감사합니다.

죄로 인해 영원히 죽을 수밖에 없었던 나를 위해 하나님의 독생자이신

예수 그리스도를 이 땅에 보내주시고,

십자가에서 흘리신 주의 보혈로 말미암아 새 생명을 얻게 하셨음을 감사합니다.

그리고 하나님의 놀라운 은혜로 하나님을 아버지라 부를 수 있는

하나님 나라의 백성 되게 해주심을 감사합니다.

이제부터 3박 4일 동안 48시간에 걸쳐 살아계신 하나님의 말씀을 들으려 합니다.

하나님 말씀하소서. 주의 종이 듣겠나이다.

성경을 통해 하나님의 뜻을 바로 알고 하나님의 뜻대로 살기를 원합니다.

나의 연약함을 아시는 주님,

48시간 동안 하나님의 말씀인 성경에 집중하도록 성령님 도와주소서.

무릎 끓고 기도하오니 힘주시고 능력 주셔서

살아계신 하나님의 말씀을 한 절도 놓치지 않게 인도하소서.

하늘의 하나님 우편에서 오늘도 나를 위해 기도해주시는

예수 그리스도의 거룩하신 이름으로 기도합니다. 아멘.

● **찬송** ^{Praise} (2분) - '달고 오묘한 그 말씀'

● **통通트랙 1** ^{Tong Tracks} - '모세5경' (7분)

'모세5경'은 모세가 쓴 5권의 책으로 66권 성경 전체를 볼 때 7개의 트랙 가운데 첫 번째 트랙입니다. '모세5경'은 창세기, 출애굽기, 레위기, 민수기, 신명기를 일컫습니다. 하나님께서 모세를 통해 5권의 책을 주신 이유는 바로 '제사장 나라'를 세우시기 위함이었습니다. 바이블 통(通)트랙스 7 가운데 첫 번째 트랙인 '모세5경' 다섯 권 책의 분위기는 '제사장 나라 set-up'입니다.

아브라함과 언약을 맺으신 하나님께서는 아브라함의 후손들로 하여금 큰 민족을 이루게 하신 후 그들이 제사장 나라를 세워 하나님과 세계 모든 백성 사이에 복의 통로가 되어주기를 원하셨습니다. 때문에 하나님께서는 아브라함과 약속하신 대로 아브라함의 후손들로 하여금 큰 민족을 이루게 하시고, 애굽(이집트)에서 히브리 민족이라 불리게 된 그들로 하여금 제국을 미리 경험하게 하셨습니다. 하나님의 꿈인 제사장 나라는 제국의 폐해를 온몸으로 체험한 아브라함의 후손들이 하나님의 뜻에 따라 세우는 제국이 아닌 제사장 나라였던 것입니다.

하나님께서는 이스라엘을 출애굽시키신 후에 그들이 약속의 땅 가나안에 들어가 제사장 나라를 세우게 하시려고 시내 산에서 하늘로부터 법을 주셨습니다. 그 법은 '제사장 나라의 거룩한 시민'이 되는 법이었습니다.

하나님께서 그토록 꿈꾸셨던 제사장 나라는 첫째, 하나님의 용서가 있는 나라입니다. 둘째, 이웃과 이웃 사이에 거룩과 나눔이 있는 나라입니다. 셋째, 민족과 민족 사이에 평화가 있는 나라입니다.

모세와 여호수아, 기드온, 그리고 사무엘 등은 나라를 구한 영웅들이었음에도 불구하고 그리스 신화에서처럼 영웅이나 신(神), 혹은 왕이 되지 않았습니다. 하나님께서 주신 나라인 '제사장 나라'를 정확하게 이해하고 있었기 때문입니다. 그들은 제사장 나라의 거룩한 시민을 꿈꾸었기에 왕이 되지 않으려 노력까지 했던 것입니다. 성경의 7개 트랙 가운데 첫 번째 트랙인 '모세5경'을 통해 제사장 나라가 얼마나 멋있는 나라인지 이제부터 만나볼 것입니다.

 ## 전체 이야기 Whole Story (4분)

이제 창세기 1장에서 30장까지를 들을 것입니다. 창세기는 정말 가슴 떨리는 책입니다. 하나님께서 이 세상을 창조하신 이야기가 기록되어 있기 때문입니다. 세상 어떤 책이 '태초에'(In the beginning)를 말할 수 있겠습니까? 창세기를 통해 인류는 하루와 일주일이라는 개념을 배웠으며, 시간의 7분의 1과 재물의 10분의 1이라는 가장 고상한 개념을 배워 시간과 물질의 노예가 되지 않는 법을 배울 수 있게 되었습니다.

창세기 1장에서 11장까지는 '원역사'로 지리적 배경을 정확하게 설명하기는 어렵습니다. 하지만 창세기 12장에서부터 50장까지는 4명의 족장들이 등장하고 지리적으로도 설명이 가능합니다. 우리는 4명의 족장 가운데 아브라함과 이삭, 그리고 야곱을 만날 것입니다. 그분들이 우리에게 그들이 경험한 하나님을 소개해 줄 것입니다. 그 하나님께서 지금 이 시간 우리를 만나주실 것입니다. 이제 **48시간 역사순 성경듣기**를 시작합니다. 창세기 1장은 다 같이 소리 내서 한 목소리로 읽겠습니다.

성경듣기 Bible Tongdok (72.7분)
〈통독성경〉 1-10일 | 창 1-30장 | pp.1-42 | 1.4배속

| 1일 | 창세기 1-2장 | 천지창조 – 심히 좋으신 하나님의 마음 |

A 분석 Analysis

성경의 첫 번째 책인 창세기(Genesis)는 '기원', '원천' 등을 의미하며, 모세가 죽기 전에 기록한 모세의 5권의 책(모세5경) 가운데 첫 번째 책입니다. 창세기 1장에서 11장까지는 천지를 창조하신 하나님에 대해 기록하고 있으며 이 시기의 역사는 '원역사' 라고 부릅니다. 창세기 12장 이후부터는 이스라엘의 4명의 족장에 대해 기록하고 있는데 이 본문에서는 아브라함과 이삭과 야곱까지를 다루고 있습니다.

B 암송 Recitation

"내가 너로 큰 민족을 이루고 네게 복을 주어 네 이름을 창대하게 하리니 너는 복이 될지라 너를 축복하는 자에게는 내가 복을 내리고 너를 저주하는 자에게는 내가 저주하리니 땅의 모든 족속이 너로 말미암아 복을 얻을 것이라 하신지라"(창 12:2-3)

M 묵상 Meditation

온 우주만물을 창조하신 살아계신 하나님을 찬양합니다. 그리고 그 하나님께서 나의 아버지 하나님이 되심에 감사합니다. 하나님께서는 우리 인생들을 위하여 봄이 오면 언제나 나무의 가지마다 새순이 돋게 하시고, 여름에는 산천초목에 녹음이 짙푸르게 하시고, 가을에는 오곡백과가 풍성하게 하시며, 겨울에는 온 세상을 덮는 아름다운 흰 눈과 함께 평안한 쉼을 주십니다. 이 자연의 순환은 언제나 감격스럽습니다. 하나님의 성실하심에 감사합니다. 우리 주 하나님께서 지으신 모든 세계를 바라보며 감사와 영광을 하나님께 올리지 않을 수 없습니다.

H 하나님의 마음 Heart of God

본문을 들으며 나의 생각을 잠시 내려놓고 하나님의 마음을 생각해 봅시다.

● 메모

1 day	시간	pm.12:50~pm.2:20	총 소요 시간	90.4분
2	듣기 범위	**창세기 31장~출애굽기 13장** (11~22일)		

진행률 ▬▬▬ 6.9%

W 전체 이야기 ^{Whole Story} (4분)

창세기 31장부터는 본격적으로 야곱이 등장합니다. 야곱의 바뀐 이름은 이스라엘이고, 야곱의 아들들로부터 이스라엘의 지파가 나오기 때문에 야곱은 이스라엘 역사에서 매우 중요한 사람입니다. 그리고 이어서 우리는 야곱의 아들 애굽 총리 요셉을 만날 것입니다.

요셉의 꿈, 요셉의 채색옷, 보디발 부인의 유혹을 이긴 요셉의 이야기는 널리 알려져 있으나 실은 그 이야기는 요셉의 110년 인생 가운데 30년이 채 안 되는 이야기입니다. 요셉의 인생 가운데 초반에 해당하는 부분도 주의 깊게 살펴보아야 하겠지만, 요셉이 중반과 후반부 인생에 어떻게 애굽 총리가 되어서 입(入)애굽을 이끄는지, 그리고 어떻게 출(出)애굽을 준비시키는지에 대해서도 성경을 듣는 과정에서 면밀하게 살펴보아야 합니다.

구약의 마지막 책인 말라기와 신약의 첫 번째 책인 마태복음 사이에 400여 년의 신구약 중간사가 있듯이, 창세기 50장과 출애굽기 1장 사이에도 400여 년의 시간이 들어 있습니다. 그 시간을 감지하면서 우리는 창세기에서 출애굽기로 넘어갈 것입니다. 그러면서 입(入)애굽의 책임자 요셉에 이어, 출(出)애굽의 지도자 모세를 만나게 될 것입니다. 실로 성경 속 역사의 거장들과의 만남입니다. 이제 설레는 마음으로 야곱과 요셉과 모세가 소개해주는 하나님을 만나보겠습니다.

성경듣기 Bible Tongdok (86.4분)

《통독성경》 11-22일 | 창 31장-출 13장 | pp.42-95 | 1.4배속

11일	창세기 31-33장	가나안으로 돌아온 야곱
12일	창세기 34-36장	벧엘에서 하나님을 만난 야곱
13일	창세기 37-38장	요셉의 고난과 꿈
14일	창세기 39-41장	총리 요셉
15일	창세기 42-44장	요셉과 형제들의 만남
16일	창세기 45-47장	요셉과 형제들의 화해
17일	창세기 48-50장	야곱의 유언과 죽음
18일	출애굽기 1-2장	애굽의 종이 된 이스라엘
19일	출애굽기 3-4장	하나님의 모세 설득
20일	출애굽기 5-7장	모세와 바로의 협상 시작
21일	출애굽기 8-10장	모세의 설득과 하나님의 기적
22일	출애굽기 11-13장	유월절을 기념하라

 분석 Analysis

창세기 후반부와 출애굽기 전반부는 입(入)애굽의 지도자 야곱과 그의 아들 요셉, 그리고 출(出)애굽의 지도자 모세에 관한 역사적인 사건을 기록하고 있습니다. 하나님께서는 야곱과 요셉을 통해 입애굽의 역사를 주관하셨고, 애굽에서 430여 년을 지내면서 아브라함의 후손들로 하여금 큰 민족을 이루게 하셨습니다. 그리고 애굽에서 제국의 폐해를 온몸으로 경험한 히브리 민족을 출애굽시키셔서 그들에게 약속의 땅 가나안에 들어가 제사장 나라를 세우라고 명령하신 것입니다. 하나님의 그 큰일(출애굽과 제사장 나라 set-up)에 모세가 쓰임 받고 있습니다.

암송 Recitation

"여호와께서 모세에게 이르시되 너는 바로에게 가서 그에게 이르기를 여호와의 말씀에 내

백성을 보내라 그들이 나를 섬길 것이니라"(출 8:1)

 묵상 Meditation

아브라함과 언약을 맺으신 하나님께서는 아브라함과 약속하신 대로 그의 후손들을 돌보시어 바다의 모래처럼, 그리고 하늘의 뭇별처럼 큰 민족을 이루게 하셨습니다. 그리고 그들로 하여금 세상 모든 민족이 하나님께 복을 받을 수 있도록 복의 통로, 즉 제사장 나라로 삼으셨습니다. 하나님의 용서가 있는 나라인 제사장 나라가 바로 하나님의 오랜 꿈이셨던 것입니다.

하나님의 마음 Heart of God

본문을 들으며 나의 생각을 잠시 내려놓고 하나님의 마음을 생각해 봅시다.

● 메모

1 day 3	시간	pm.2:30~pm.4:00	총 소요 시간	90.4분
	듣기 범위	**출애굽기 14장~레위기 10장** (23~35일)		

진행률 ████ 10.4%

W 전체 이야기 Whole Story **(4분)**

지금부터 약 1시간 30분 동안 출애굽기 14장에서 레위기 10장까지를 들을 것입니다. 이스라엘 백성은 뙤약볕이 내리쬐는 광야에서, 그리고 우리는 졸음과의 한판에서 결국 승리하는 시간을 가질 것입니다.

모세의 지도 아래 애굽에서 나온 이스라엘 백성은 하나님의 기적을 체험하며 홍해를 육지처럼 건너 드디어 시내 산에 도착합니다. 그리고 시내 산에서 약 1년간을 보냅니다. 그 1년간 하나님께서는 이스라엘 백성에게 직접 법(율법)을 주십니다. 십계명을 비롯한 613가지의 법(율법)입니다. 이 법이 바로 제사장 나라의 법입니다. 이스라엘 백성은 이제 이 법을 통해 제사장 나라의 거룩한 시민으로 훈련받게 될 것입니다.

하나님께서는 아브라함의 후손인 이스라엘 백성에게 스스로를 소개하시면서 "나는 애굽의 종이었던 너희를 구원해낸 여호와 하나님이니라"라고 말씀하십니다. 이는 이스라엘 백성의 정체성이 종이었음을 드러내 그들의 자존감을 무너뜨리려 함이 아니고, 애굽(이집트)에서 제국주의의 폐해를 온몸으로 경험한 이스라엘이 가나안에 들어가 세우는 나라가 제국이 아닌 제사장 나라여야 함을 강조하신 것입니다. 그리고 이스라엘 백성은 광야에서 모세를 통해 하나님께서 주시는 말씀으로 훈련받으며 제사장 나라의 기초를 세우기 시작합니다.

창세기, 출애굽기를 들으면서는 대부분의 사람들이 아주 행복해 합니다. 그런데 레위기를 만나면 성경 전체를 듣겠다는 의지가 살며시 꺾이면서 귀에 쏙쏙 들어오는 시편이나 잠언으로, 혹은 신약의 마태복음으로 가고, 그렇게 시간을 보내다가 다시 창세기로 돌아가는 경우가 많습니다. 이것은 레위기에 대한 가치를 충분히 잘 알아보지 못하기 때문입니다.

레위기는 우리를 향한 '하나님의 러브레터'입니다. 레위기는 공의의 하나님께서 죄지은 인간을 용서하고 싶으셔서 온갖 길을 여신 책입니다. 5가지 제사는 인간들을 귀찮게 하시려 함이 아니라, 인간들을 용서하시고자 만든 사랑의 법입니다. 그리고 하나님께서 제사장 나라의 거룩한 시민 교육을 통해 인간과 인간 사이에 품위 있는 관계를 가지게 해주신 책이 바로 레위기입니다. 이 아름다운 하나님의 말씀 속으로 이제 들어가겠습니다.

성경듣기 Bible Tongdok (86.4분)
〈통독성경〉 23-35일 | 출 14장-레 10장 | pp.95-148 | 1.4배속

분석 Analysis

출애굽기와 레위기 전반부는 히브리 민족이 모세의 지도하에 출애굽하여 드디어 이스라엘이 되는 과정을 그리고 있습니다. 출애굽한 이스라엘은 아브라함과 언약을 맺으신 이후부터 이 날이 오기를 손꼽아 기다리신 하나님의 오랜 꿈인 제사장 나라를 드디어 set-up하고 있습니다.

암송 Recitation

"세계가 다 내게 속하였나니 너희가 내 말을 잘 듣고 내 언약을 지키면 너희는 모든 민족 중에서 내 소유가 되겠고 너희가 내게 대하여 제사장 나라가 되며 거룩한 백성이 되리라 너는 이 말을 이스라엘 자손에게 전할지니라"(출 19:5-6)

묵상 Meditation

아브라함 한 사람과 언약을 맺으시고, 그 후 장장 500여 년을 기다리셨던 하나님의 오랜 꿈이셨던 '제사장 나라'가 세워지고 있는 감동적인 말씀을 우리가 대합니다. 이 땅에 제사장 나라를 세우심은 하나님의 형상을 닮은 인생들이 죄 가운데 살지 않고, 늘 하나님의 용서를 체험하며 살기를 원하시는 하나님의 크신 사랑 때문입니다. 하나님의 그 크신 사랑에 감사와 찬송과 영광을 올립니다.

하나님의 마음 Heart of God

본문을 들으며 나의 생각을 잠시 내려놓고 하나님의 마음을 생각해 봅시다.

● 메모

진행률 █████ 14.7%

W 전체 이야기^{Whole Story} (4분)

지금부터 만날 하나님의 말씀은 레위기 11장에서부터 민수기 21장까지입니다. 레위기에 이어 계속해서 들을 책은 민수기입니다. 민수기는 영어로 'Number' 즉, 숫자를 의미합니다. 민수기의 중요한 내용은 출애굽한 이스라엘을 대상으로 두 번에 걸쳐 시행한 인구조사입니다. 첫 번째 인구조사를 통해서 이스라엘은 군대를 조직하게 됩니다. 이스라엘 백성 가운데 20세 이상 칼을 빼어들고 군대에 나갈 만한 장정의 수를 세어보니 약 60만 명이 계수됩니다. 이는 놀라운 숫자가 아닐 수 없습니다.

이스라엘 백성이 애굽(이집트)에서 종으로 살았을 때에는 애굽(이집트) 군인들이 와서 그 가정에 태어난 아들을 나일 강에 던져 죽여도 아무 저항도 하지 못했었습니다. 그들은 자기 아들조차 지킬 힘이 없었던 것입니다. 그런데 이렇게 인구를 조사하고 군대를 만들고 보니 놀라운 힘이 생긴 것입니다.

하나님께서는 이스라엘 백성의 첫 번째 인구를 조사하게 하시면서, 20세 이상 칼을 빼어들고 싸움에 나갈 만한 남자를 세어보게 하셨으며, 동시에 1개월 이상 된 레위인 남자(22,000명)의 숫자와 이스라엘 모든 지파 각 가정에 장자(22,273명)의 숫자를 세어보게 하셨습니다. 그런데 놀랍게도 레위인의 숫자와 각 가정의 장자의 숫자가 비슷했습니다.

하나님께서는 각 가정의 장자들은 모두 하나님의 것이라고 말씀하십니다. 애굽(이집트)에서 애굽(이집트)의 장자들과 가축의 첫태생들이 모두 죽었을 때에 그들 또한 모두 죽었을 수도 있었는데 하나님께서 유월절(Pass Over)을 통해 그들을 살렸다고 말씀하신 것입니다. 때문에 각 가정의 장자들은 하나님의 것이고, 그 장자들 대신 레위인들을 택하셨으니 이스라엘 모든 가정에서는 각 가정의 장자를 하나님께 바친 것처럼 레위인을 책임지라고 말씀하십니다.

민수기에서 두 번째 인구조사는 40년 후에 다시 이루어집니다. 광야 생활 40년을 지낸 후에 이스라엘의 인구를 다시 조사해 보니 놀랍게도 40년 전과 마찬가지로 20세 이상 싸움에 나갈 만한 장정의 수가 약 60만 명이었던 것입니다. 광야는 풀 한 포기 나지 않고 뱀과 전갈이 있는, 사람이 살기 어려운 곳입니다. 물론 농사도 지을 수 없는 곳이고 말입니다. 그런데 하나님께서 이스라엘 백성을 광야에서 만나와 메추라기로 먹이시고, 구름 기둥과 불 기둥으로 돌보시면서 눈동자와 같이 지켜주시며 이스라엘의 각 가정들에게 복을 주셨던 것입니다.

그 사랑의 하나님께서 오늘 우리도 그렇게 지켜주시고 계십니다. 사랑 많으신 우리 하나님의 말씀을 귀 기울이며 계속해서 듣겠습니다.

성경듣기 Bible Tongdok (105.8분)
〈통독성경〉 36-52일 | 레 11장-민 21장 | pp.148-216 | 1.4배속

36일	레위기 11-13장	건강을 위한 배려
37일	레위기 14-15장	생명을 위한 배려
38일	레위기 16-17장	제사장의 역할과 사명
39일	레위기 18-20장	거룩한 사랑
40일	레위기 21-22장	공동체를 돌보는 제사장

분석 Analysis

레위기는 인간을 향한 하나님의 러브레터입니다. 하나님의 형상을 닮은 인간이 이 세상에서 하나님의 뜻대로 살아가는 길을 가르쳐준 책이기 때문입니다. 그리고 인간이 세상에서 살아가면서 죄를 지었을 때에 어떻게 하나님 앞에 나아가 용서를 받을 수 있는가를 가르쳐준 책입니다. 레위기에 이어지는 민수기는 출애굽한 이스라엘의 두 번에 걸친 인구조사를 기록하고 있는 책으로, 이스라엘이 드디어 강력한 군대 조직을 가지게 되었음을 보여주고 있습니다.

암송 Recitation

"너희가 내 규례와 계명을 준행하면"(레 26:3)
"그러나 너희가 내게 청종하지 아니하여 이 모든 명령을 준행하지 아니하며"(레 26:14)
"여호와는 네게 복을 주시고 너를 지키시기를 원하며 여호와는 그의 얼굴을 네게 비추사 은혜 베푸시기를 원하며 여호와는 그 얼굴을 네게로 향하여 드사 평강 주시기를 원하노라 할지니라 하라"(민 6:24~26)

M 묵상 Meditation

하나님께서 직접 가르쳐주신 레위기의 다섯 가지 제사법은 인간들을 귀찮고 번거롭게 하시기 위함이 아닙니다. 인간들이 죄를 지었을 때 하나님 앞에 당연히 처벌받아야 함이 마땅하지만, 사죄의 제물을 가지고 하나님 앞에 나아가 용서를 빌어 다시 사함을 얻을 수 있을 길을 열어주시기 위해 하나님께서는 인간들에게 제사법을 주셨습니다. 이는 공의의 하나님께서 죄지은 인간들을 처벌하시는 대신 용서하시기 위해 얼마나 애쓰고 계시는지를 보여주고 있습니다.

H 하나님의 마음 Heart of God

본문을 들으며 나의 생각을 잠시 내려놓고 하나님의 마음을 생각해 봅시다.

● **메모**

1 day	시간	pm.6:50~pm.8:40	총 소요 시간	111.3분
5	듣기 범위	**민수기 22장~신명기 28장** (53~67일)		

진행률 ▰▰▰▰▰▱▱▱▱ 19%

W 전체 이야기 Whole Story (4분)

저녁식사 맛있게 하셨습니까? 아무리 지치고 힘들어도 음식을 조금이라도 섭취하고, 그리고 하룻밤 푹 자고 나면 우리 몸은 다시 새 힘을 얻습니다. 마찬가지로 하나님의 말씀으로 영의 양식을 섭취하고, 하나님의 은혜 안에 거하면 우리는 다시 건강한 그리스도인으로 힘차게 세상에서 승리할 수 있습니다.

이스라엘 백성은 광야에서 40년 동안 농사짓지 않고 하늘의 하나님께서 주시는 양식을 공급받으며 모세를 통해 하나님의 율법을 배웠습니다. 하나님의 말씀으로 훈련받은 그들은 그들의 부모세대와는 다른 '만나세대'를 열었습니다. 이후 사무엘에게 하나님의 말씀을 배운 이스라엘 백성은 사사 시대를 마감하고 '미스바세대'를 열었으며, 예수님의 제자들은 '제자세대'를 열었습니다. 하나님의 말씀으로 훈련받으면 새 시대를 열 수 있습니다. 역사적인 사건의 주인공이 될 수 있다는 것입니다.

민수기에 이어지는 신명기는 인류 역사에서 가장 뛰어난 지성인이자 하나님과 함께했던 불세출의 지도자 모세의 4회에 걸친 역사특강입니다. 민수기와 신명기를 들을 수 있다는 것은 실로 가슴 벅찬 일이 아닐 수 없습니다. 힘내서 말씀에 더욱 집중합시다.

성경듣기 Bible Tongdok (107.3분)

〈통독성경〉 53-67일 | 민 22장-신 28장 | pp.216-284 | 1.4배속

53일	민수기 22-25장	하나님 군대의 명성
54일	민수기 26-27장	두 번째 인구조사 – 약속의 땅을 위한 준비
55일	민수기 28-30장	거룩한 절기와 제사
56일	민수기 31-32장	모세와 요단 동편 땅들
57일	민수기 33-36장	이스라엘의 여정과 도피성
58일	신명기 1-2장	광야 여정에 대한 회고와 반성 1
59일	신명기 3-4장	광야 여정에 대한 회고와 반성 2
60일	신명기 5-6장	하나님을 사랑하라는 모세의 당부
61일	신명기 7-9장	명령과 순종
62일	신명기 10-11장	하나님의 요구
63일	신명기 12-14장	다시 들려주는 율법
64일	신명기 15-17장	절기와 송사
65일	신명기 18-21장	약속의 땅을 위한 규례
66일	신명기 22-26장	거룩한 백성을 위한 법
67일	신명기 27-28장	언약에 따른 법과 저주

 분석 Analysis

이스라엘이 출애굽한 후 첫 번째 인구조사 때 계수한 20세 이상 60세 이하로 싸움에 나갈 만한 남자의 숫자는 약 60만 명이었습니다. 그 후 광야에서 40년을 보낸 후 가나안 입성을 앞두고 두 번째로 인구를 조사했더니 놀랍게도 그 60만 명의 인구가 거의 그대로 유지되고 있었던 것입니다. 광야에서 40년 동안 만나를 먹으며 모세에게 교육받은 새로운 세대 60만 명이 다시 준비되던 것입니다. 이것이 하나님께서 행하신 놀라운 역사를 기록한 민수기의 내용입니다. 그리고 가나안 입성을 앞두고 모세가 모압 평지에서 만나세대에게 4번에 걸쳐 역사특강을 합니다. 그 4번의 역사특강이 바로 신명기입니다.

"이스라엘아 들으라 우리 하나님 여호와는 오직 유일한 여호와이시니 너는 마음을 다하고 뜻을 다하고 힘을 다하여 네 하나님 여호와를 사랑하라 오늘 내가 네게 명하는 이 말씀을 너는 마음에 새기고 네 자녀에게 부지런히 가르치며 집에 앉았을 때에든지 길을 갈 때에든지 누워 있을 때에든지 일어날 때에든지 이 말씀을 강론할 것이며 너는 또 그것을 네 손목에 매어 기호를 삼으며 네 미간에 붙여 표로 삼고 또 네 집 문설주와 바깥 문에 기록할지니라"(신 6:4-9)

M 묵상 Meditation

광야는 농사를 지을 수 없는 곳입니다. 그리고 뱀과 전갈이 사는 악조건의 장소입니다. 그런데 그 광야에서 하나님께서 하늘 문을 여시고 하늘에서부터 양식을 내려주셔서 하나님의 백성들을 40년간이나 먹이시고, 입히시고 돌보셨습니다. 우리 인생 또한 광야 같은 이 세상에서 매일 하나님께서 먹이시고 입히십니다. 광야, 즉 사막 한가운데라 할지라도 세상 어느 곳이든 다 하나님의 안전한 온실입니다. 늘 하나님의 눈길과 손길이 우리와 함께하시기 때문입니다.

H 하나님의 마음 Heart of God

본문을 들으며 나의 생각을 잠시 내려놓고 하나님의 마음을 생각해 봅시다.

● 메모

W 전체 이야기 Whole Story (4분)

계속되는 모세의 역사특강인 신명기를 듣고, 우리는 모세의 시편인 시편 90편을 들을 것입니다. 모세는 그의 시편을 통해 옛날을 기억하고 역대의 연대를 생각하라고 권면합니다. 역사를 생각하는 사람이 결국 창조적인 미래를 열 수 있기 때문입니다.

이스라엘 백성 가운데 약속의 땅인 가나안에 가장 들어가고 싶었던 사람이 바로 모세였습니다. 그런데 모세는 이스라엘 백성이 물 때문에 그들의 특기인 '원망'을 또다시 할 때 일어난 사건으로 말미암아 가나안에 들어가지 못하게 되었습니다. 하나님께서 바위에게 명하여 물을 내라고 하셨을 때 모세가 지팡이로 바위를 친 일을 하나님께서 간과하지 않으셨던 것입니다. 하나님께서는 모세에게 가장 엄격한 잣대를 대신 것입니다.

모세는 자신이 그토록 들어가고 싶었던 아름다운 땅 가나안으로 들어갈 수 없었음에도 불구하고, 이스라엘 백성에게 가나안에 들어가 하나님을 더욱 사랑하고 그 땅에서 자녀들에게 하나님에 대해 가르치라고 간절히 부탁했습니다. 모세는 하나님의 사람의 끝이 어떠해야 하는지 보여준 가장 훌륭한 롤모델이라 할 수 있습니다.

또한 우리는 모세의 뒤를 이은 이스라엘의 지도자 여호수아와 만나세대의 5년간의 전쟁기록인 여호수아를 계속해서 들을 것입니다. 세계 역사를 살펴보면 역사 기록 가운데 절반에 해당하는 부분이 바로 인류의 전쟁 기록인 전쟁사입니다. 그런데 동서고금을 통틀어 어떤 전쟁사를 접해도 여호수아만큼 놀라운 전쟁사는 없습니다. 하나님께서 함께하신 전쟁이기 때문입니다.

그 당시 가나안에 살고 있던 사람들은 온갖 우상과 죄악에 빠져 하나님의 심판을 면할 수 없을 수준의 생활을 하고 있었습니다. 때문에 하나님께서는 이스라엘 백성에게 가나안을 정복하여 그 땅에 살도록 하신 것입니다. 그런데 하나님께서 가나안에 살게 될 이스라엘 백성에 대해 한 가지 염려하신 것이 있습니다. 이스라엘 백성이 가나안에 살면서 오히려 엉뚱하게 그 전에 가나안에 살았던 사람들의 삶의 방식을 따르게 될 것을 염려하신 것입니다. 이 문제는 이후 여호수아의 당부를 통해서도 알 수 있습니다.

이제 드디어 본격적으로 가나안 정복전쟁이 시작됩니다. 우리는 여호수아서를 통해서 지난 40년간 모세에게 교육받은 만나세대들의 높은 수준에 놀랄 것이며, 전쟁영웅 여호수아가 왕이 되지 않고 제사장 나라의 거룩한 백성으로 살겠다는 선언에 감동하게 될 것입니다. 이제 힘차게 신명기 후반부와 여호수아, 그리고 사사기 초반부를 듣겠습니다.

 성경듣기 Bible Tongdok **(92.9분)**

〈통독성경〉 68-80일 | 신 29장-삿 5장 | pp.284-339 | 1.4배속

68일	신명기 29-30장	언약의 갱신
69일	신명기 31-32장	역사와 미래
70일	신명기 33-34장, 시편 90편	모세의 죽음과 축복

🅰 분석 Analysis

4번에 걸친 모세의 역사특강인 신명기, 그리고 5년에 걸친 가나안 정복전쟁 이야기인 여호수아에 이어 가나안에 입성한 이스라엘의 이어지는 역사인 사사기가 기록되어 있습니다. 모세5경이 제사장 나라 set-up이었다면, 사사기와 룻기는 모세5경과 이스라엘의 왕정 500년 사이의 징검다리라 할 수 있습니다.

🅱 암송 Recitation

"오직 강하고 극히 담대하여 나의 종 모세가 네게 명령한 그 율법을 다 지켜 행하고 우로 나 좌로나 치우치지 말라 그리하면 어디로 가든지 형통하리니 이 율법책을 네 입에서 떠나지 말게 하며 주야로 그것을 묵상하여 그 안에 기록된 대로 다 지켜 행하라 그리하면 네 길이 평탄하게 될 것이며 네가 형통하리라 내가 네게 명령한 것이 아니냐 강하고 담대하라 두려워하지 말며 놀라지 말라 네가 어디로 가든지 네 하나님 여호와가 너와 함께 하느니라 하시니라"(수 1:7-9)

M 묵상 Meditation

"네 자녀에게 가르치라." 이것이 가나안 입성을 앞두고 모세가 이스라엘 백성에게 당부한 내용의 핵심이었습니다. 가나안에 들어가 살게 되면, 모든 부모는 반드시 각자 자기 자녀들에게 살아계신 하나님의 말씀을 가르치라는 하나님의 명령을 모세가 전한 것입니다. 하나님께서는 심지어 전쟁을 앞두고 있는 여호수아에게도 밤낮으로 모세를 통해 들려준 하나님의 율법책을 언제나 만나고 묵상하라고 말씀하셨습니다. 하나님의 명령은 오늘도 마찬가지입니다. "네 자녀에게 부지런히 살아계신 하나님의 말씀을 가르치라". 이와 같이 우리가 우리 자녀에게 살아계신 하나님의 말씀인 성경을 가르치기 위해서는 우리가 먼저 성경을 제대로 공부해야 함이 마땅합니다.

H 하나님의 마음 Heart of God

본문을 들으며 나의 생각을 잠시 내려놓고 하나님의 마음을 생각해 봅시다.

● 기도회 (3분)

다 함께 통성기도 후, 주기도문으로 마칩니다.

● 메모

2 day

	시간	〈1년1독 통독성경〉 범위	트랙설명	내용설명	통독	총 시간
7	am. 6:30~8:00	81~90일(삿 6장~삼상 10장)	찬양, 기도 : 3분			89분
			트랙2 – 왕정 500년 : 7분	4분	75분	
	8:00~8:50		아침식사			
8	8:50~10:20	91~104일(삼상 11장~삼하 10장)	·	4분	82.4분	86.4분
	10:20~10:30		휴식시간			
9	10:30~12:00	105~116일(삼하 11장~왕상 10장)	·	4분	81.7분	85.7분
	pm.12:00~12:50		점심식사			
10	12:50~2:20	117~130일(잠 1장~욥 3장)	·	4분	85.7분	89.7분
	2:20~2:30		휴식시간			
11	2:30~4:00	131~144일(욥 4장~시 33편)	·	4분	86.4분	90.4분
	4:00~4:10		휴식시간			
12	4:10~6:00	145~156일(시 35~134편)	·	4분	104.6분	108.6분
	6:00~6:50		저녁식사			
13	6:50~8:40	157~170일(시 135편~암 9장)	·	4분	107.3분	111.3분
	8:40~8:50		휴식시간			
14	8:50~10:30	171~184일(호 1장~사 35장)	·	4분	93.2분	100.2분
			기도회 : 3분			

2 day	시간	am.6:30~am.8:00	총 소요 시간	89분
7	듣기 범위	사사기 6장~사무엘상 10장 (81~90일)		

진행률 ████████████████ 26.3%

● **시작 기도** Prayer **(1분)** – 다 같이

온 세상을 경영하시는 하나님,

지난밤에도 하나님의 은혜 가운데 평안하게 단잠을 자게 하시고

새 아침에 다시 하나님을 찬양하며 하루를 열게 해주셔서 감사합니다.

오늘도 내 영혼이 하나님을 찬양하는

하루가 되게 하소서.

주의 말씀이 꿀송이처럼 달다는 것을

체험하는 날이 되게 하소서.

힘주셔서 오늘도 이른 아침부터 늦은 밤까지

하나님의 말씀에 집중하게 하시고,

살아계신 하나님의 말씀을 통해

하나님의 뜻을 발견하는 날이 되게 인도하소서.

하나님의 기쁨과 이웃의 기쁨이 되는 인생을 살게 하시고

주의 날 계수함을 아는 인생이 되도록 이끄소서.

살아계신 하나님께 모든 영광을 올려드립니다.

예수 그리스도의 거룩하신 이름으로 기도합니다.

아멘.

● **찬송** ^{Praise} (2분) – '주여 지난밤 내 꿈에'

● **통通트랙 2** ^{Tong Tracks} – '왕정 500년' (7분)

바이블 통(通)트랙스 7 가운데 두 번째 트랙은 '왕정 500년' 입니다. '왕정 500년'은 말 그대로 이스라엘이 왕의 통치 아래 살았던 500여 년을 일컫습니다. 하나님께서는 출애굽한 이스라엘이 약속의 땅 가나안에 들어가 살면서 다른 나라들과는 달리 '제사장 나라'를 세워 하나님과 세상 모든 나라 사이에서 제사장의 역할을 해주기를 원하셨습니다.

그런데 이스라엘 백성은 가나안에 들어가 각자의 소견대로 살았던 사사 시대를 350년간이나 보내더니 사무엘 시대를 거치면서 제사장 나라가 아닌 다른 나라들처럼 왕의 통치를 받는 나라를 원하고 나왔습니다. 창세기에서부터 사사기 때까지 기다려오신 하나님의 오랜 꿈이 더 멀어지게 된 것입니다. 그래서 사무엘이 하나님을 대신해 울었던 것입니다.

사랑이 많은 쪽과 사랑이 적은 쪽이 싸우면, 결국 사랑이 많은 쪽이 지게 되어 있습니다. 부모가 늘 자식에게 져 주는 이유와 같을 것입니다. 하나님께서 이스라엘에게 왕정의 폐해를 자세하게 설명해주셨음에도 이스라엘이 끝내 고집을 꺾지 않자 마침내 그들이 그토록 원하는 왕정을 허락해주신 것입니다.

이스라엘의 초대 왕 사울에서부터 남유다의 마지막 왕인 시드기야까지의 왕정 기간이 약 500여 년이었습니다. '왕정 500년' 의 분위기는 '왕과 선지자들의 대립과 협력' 입니다. 하나님께서 선지자들을 보내셨던 이유는 이스라엘이 심각할 정도로 큰 잘못을 저지르고 있었기 때문입니다. 북이스라엘의 아합 왕과 백성이 크게 잘못하고 있을 때에는 엘리야와 엘리사 선지자를 보내셨으며, 여로보암 2세와 그 시대의 백성이 잘못하고 있을 때에는 아모스, 호세아 선지자를 보내셨습니다.

또한 하나님께서는 남유다의 아하스 왕과 히스기야 왕 때에는 이사야, 미가 선지자를 보내셨으며, 시드기야 왕 때에는 예레미야 선지자를 보내셨습니다. 각 시대마다 선지자들은 왕이 잘못하고 있을 때에는 거침없이 왕과 대립했고, 왕이 회개하고 하나님 앞에 돌아오면 왕과 협력하며 그 시대를 하나님 중심으로 이끌기 위해 최선을 다했습니다.

'왕정 500년' 동안 제사장 나라의 좋은 모델이 한 번 있었는데 바로 다윗 시대였습니다. 하나님께서는 다윗이 하나님 앞에 살았던 그 삶의 내용을 '다윗의 길'이라 말씀하시며 이스라엘의 모든 왕에게 그 길로 가라고 추천하셨습니다. 그러나 안타깝게도 '왕정 500년' 동안 대부분의 왕들은 '다윗의 길'이 아닌 '여로보암의 길'로 나아감으로 하나님의 마음을 참으로 아프게 했습니다.

W 전체 이야기 Whole Story (4분)

이제부터 사사기, 그리고 룻기를 들을 것입니다. 룻기는 사사 시대에 있었던 사막의 오아시스와 같이 숨통이 트이는 책입니다. 하나님의 말씀을 멀리하고 오히려 각자의 소견에 옳은 대로 살았던 사사 시대에, 베들레헴 시골 마을에서 하나님의 율법을 지키며 이웃과의 사이에서 거룩을 실천하며 살았던 멋진 남자 보아스를 만날 것입니다.

군중심리(群衆心理)라는 것이 있습니다. 남들 다 하면 나도 그렇게 하고 싶은 것이 인지상정(人之常情)입니다. 아무도 율법을 지키지 않고 자기가 옳다고 생각하는 대로 마음대로 살아가던 사사 시대에 베들레헴의 보아스는 왜 혼자 굳이 레위기의 말씀대로 추수 때에 밭모퉁이 일부를 남겨두고, 고아와 과부와 나그네를 대접하며 살아가고 있었을까요?

바로 보아스의 어머니가 그 해답입니다. 보아스의 어머니는 다름 아닌 여리고 성의 라합이었던 것입니다. 라합은 당시 고대 근동의 국제뉴스를 통해 이스라엘에 대해 소문을 듣고 상천하지의 하나님을 알아본 지혜로운 여인이었습니다. 그 여인이 여리고 성이 무너질 때 그 성에서 살아남아 후에 이스라엘 사람 살몬과 결혼하여 낳은 아들이 바로 보아스였고, 그 아들에게 자신이 체험한 살아계신 하나님과 모세가 기록한 '모세5경' 속의 하나님을 가르쳤던 것입니다.

자녀에게 줄 수 있는 가장 소중한 선물이 바로 하나님의 말씀을 가르쳐주는 일입니다. 라합의 아들 보아스의 아름다운 삶을 통해 우리는 이 사실을 확인할 수 있습니다. 이제 우리는 이 아름다운 이야기를 만나게 될 것입니다.

사사기 6장에서부터 룻기, 그리고 연이어 사무엘상 10장까지 계속해서 듣겠습니다.

성경듣기 Bible Tongdok (75분)
〈통독성경〉 81-90일 | 삿 6장-삼상 10장 | pp.340-388 | 1.5배속

81일	사사기 6-7장	기드온과 3백 용사
82일	사사기 8-9장	기드온과 그 아들 아비멜렉
83일	사사기 10-12장	진정한 지도자가 없다
84일	사사기 13-16장	나실인 삼손
85일	사사기 17-18장	기초가 무너진 사회
86일	사사기 19-21장	원칙 없는 문제 해결
87일	룻기 1-4장	아름다운 율법의 구현
88일	사무엘상 1-3장	준비되는 사무엘
89일	사무엘상 4-7장	사무엘의 말씀개혁운동

분석 Analysis

사사기는 가나안에 정착한 이스라엘이 하나님께서 모세를 통해 주신 율법대로가 아닌 각자 자기 소견에 옳은 대로 살았던 약 350여 년간의 역사를 기록한 책입니다. 이스라엘 백성이 광야를 벗어나 기름진 땅에서의 생활했음에도 불구하고 이 시기는 참으로 답답한 시기라 할 수 있습니다. 그럼에도 불구하고 사사 시대에 사막의 오아시스와 같은, 한 줄기 시원한 얼음냉수 같은 이야기가 바로 룻기입니다. 그리고 사사 시대를 종식하게 된 것은 이스라엘의 새로운 지도자 사무엘의 출현입니다. 사무엘을 통해 이스라엘은 이전 만나세대처럼 다시 새 시대를 열 수 있는 미스바세대를 배출하게 되었기 때문입니다.

암송 Recitation

"사무엘이 이스라엘 온 족속에게 말하여 이르되 만일 너희가 전심으로 여호와께 돌아오려거든 이방 신들과 아스다롯을 너희 중에서 제거하고 너희 마음을 여호와께로 향하여 그만을 섬기라 그리하면 너희를 블레셋 사람의 손에서 건져내시리라 이에 이스라엘 자손이 바알들과 아스다롯을 제거하고 여호와만 섬기니라"(삼상 7:3-4)

묵상 Meditation

모세와 여호수아의 진심어린 당부에도 불구하고 가나안에 정착한 이스라엘은 그들 자녀에게 율법(하나님의 말씀)을 가르치지 않았습니다. 교육의 부재가 가져온 결과가 바로 암울한 사사 시대입니다. 때문에 사사기는 안타까움 그 자체입니다. 그러나 사사 시대에 각자의 소견에 옳은 대로 사는 것이 대세였음에도 불구하고 하나님의 율법을 지키며 하나님을 기쁘게 하며 사는 사람들이 있었습니다. 바로 룻기에 등장하는 하나님의 사람들입니다. 그들은 혼탁한 시대를 탓하지 않고 내가 먼저 하나님의 마음을 시원하게 해드리려는 소망을 가진 사람들이었습니다.

⊞ 하나님의 마음 ^{Heart of God}

본문을 들으며 나의 생각을 잠시 내려놓고 하나님의 마음을 생각해 봅시다.

● 메모

진행률 ▬▬▬▬▬▬▬▬▬▬▬▬ 29.6%

W 전체 이야기 Whole Story (4분)

이제 사무엘상 11장에서부터 사무엘하 10장까지를 들을 것입니다. 이제부터 역사순《1년1독 통독성경》의 참맛을 조금씩 발견하게 될 것입니다. 사무엘상·하서의 역사를 살피면서 어떤 상황에서 다윗이 그의 시편을 지었는지 알게 될 것이기 때문입니다.

작가의 작품을 이해하는 데 있어 작가의 삶을 함께 조명해 보는 것은 매우 큰 도움이 됩니다. 다윗이 어떤 형편과 처지에서 그토록 아름다운 시편을 지었는지, 그리고 그 시편으로 말미암아 하나님께서 얼마나 기뻐하셨는지를 함께 통(通)으로 살펴보는 것은 정말 큰 은혜를 체험하는 시간이 되게 할 것입니다.

골리앗을 물리치고 국민 영웅이 된 다윗은 사울 왕의 사위가 되기까지 했으나, 얼마가지 않아 사울 왕의 시기를 받는 처지가 되고 맙니다. 그때부터 다윗은 30세에 유다 지파의 왕이 될 때까지 계속해서 사울에게 쫓기는 신세가 됩니다. 그런 가운데 다윗은 믿음을 지키며 하나님께 그의 기도를 시로 지어 아뢴 것입니다. 그 아름다운 기도 시들이 시편에 잘 기록되어 있습니다. 그렇다고 다윗이 힘들고 어려울 때에만 하나님께 기도한 것이 아닙니다. 왕이 된 후에도 자신을 '종'의 자리로 낮추며, 끝까지 하나님 앞에 겸비한 인생을 살며 하나님께서 기뻐하실 아름다운 시를 지어 노래했습니다.

다윗처럼 하나님을 기쁘시게 해드리려는 소망을 가지고 이제 말씀에 더욱 집중합시다. 힘내십시오.

성경듣기 Bible Tongdok (82.4분)
〈통독성경〉 91-104일 | 삼상 11장–삼하 10장 | pp.388-441 | 1.5배속

91일	사무엘상 11-12장	길르앗 야베스 사건과 사무엘의 고별사
92일	사무엘상 13-14장	사울의 블레셋 전투
93일	사무엘상 15-16장	사울의 불순종과 다윗의 기름 부음
94일	사무엘상 17-18장	다윗의 골리앗 전투 승리와 요나단과의 우정
95일	사무엘상 19장, 시편 59편	사울에게 쫓기는 다윗
96일	사무엘상 20-21장, 시편 34편	기도로 여는 하늘문
97일	사무엘상 22장, 시편 52편	사울의 공안정치
98일	사무엘상 23-24장 시편 57편	임명권자 하나님
99일	사무엘상 25-26장, 시편 54편	하나님의 테스트
100일	사무엘상 27-31장	망명지에서 들려온 조국의 슬픈 소식
101일	사무엘하 1-2장	남유다의 왕으로 추대된 다윗
102일	사무엘하 3-5:5	다윗의 세 번째 기름 부음과 통일왕조 수립
103일	사무엘하 5:6-6장	예루살렘 정복과 법궤 안치
104일	사무엘하 7-10장	종이 된 다윗 왕

분석 Analysis

사무엘상·하서와 열왕기상·하서, 그리고 역대상·하서는 모두 역사서입니다. 이 역사서는 각 시대에 하나님의 말씀을 대언했던 예언자들의 말씀인 예언서들과 함께 통(通)으로 듣고 읽어야 합니다. 이것이 역사순으로 성경을 통독하는 의미 있는 일입니다. 모세5경이 제사장 나라의 set-up이라면, 이제부터 시작되는 왕정 500년은 하나님의 꿈인 제사장 나라와는 거리가 멀어지는 나라 형태입니다. 그래서 예언자들이 등장하여 제사장 나라를 상기시키기 위해 그 시대의 왕들과 충돌하면서 대립까지도 한 것입니다.

암송 Recitation

"다윗이 블레셋 사람에게 이르되 너는 칼과 창과 단창으로 내게 나아 오거니와 나는 만군의 여호와의 이름 곧 네가 모욕하는 이스라엘 군대의 하나님의 이름으로 네게 나아가노라 오늘 여호와께서 너를 내 손에 넘기시리니 내가 너를 쳐서 네 목을 베고 블레셋 군대의 시체를 오늘 공중의 새와 땅의 들짐승에게 주어 온 땅으로 이스라엘에 하나님이 계신 줄 알게 하겠고 또 여호와의 구원하심이 칼과 창에 있지 아니함을 이 무리에게 알게 하리라 전쟁은 여호와께 속한 것인즉 그가 너희를 우리 손에 넘기시리라"(삼상 17:45-47)

묵상 Meditation

이스라엘의 왕 다윗은 그의 시편을 통해 그가 다른 어떤 것이 아닌 하나님의 도움을 늘 구하는 인생을 살았음을 고백합니다. 다윗은 어린 시절 목동 때에도 그러했고, 이후에 왕이 되어서도 그러했습니다. 세상 사람들은 누구나 하나님의 도움이 필요합니다. 그런데 하나님께 도움을 구하는 것을 모르는 사람들이 많습니다. 다윗처럼 하나님의 도움을 구하는 인생이 가장 지혜로운 인생입니다. 우리 인생의 주인은 천지를 지으신 살아계신 하나님이시기 때문입니다.

하나님의 마음 Heart of God

본문을 들으며 나의 생각을 잠시 내려놓고 하나님의 마음을 생각해 봅시다.

● 메모

W 전체 이야기 Whole Story (4분)

사무엘상·하서와 열왕기상·하서, 그리고 역대상·하, 우리는 이 책들을 통해 이스라엘의 왕정 500년을 살펴볼 수 있습니다. 그 가운데 특히 사무엘상·하서는 다윗의 삶을 자세히 살펴볼 수 있는 특징이 있습니다. 다윗의 인생을 통해 그가 어떤 상황에서 그토록 아름다운 시들을 지어 하나님을 기쁘시게 했으며, 동시에 자신의 믿음을 지켰는지 큰 감동을 받지 않을 수 없습니다.

다윗의 삶과 솔로몬의 삶을 비교해 보면, 다윗은 너무 거칠고 고생스러운 삶을 살았고, 그의 아들 솔로몬은 따뜻한 온실 속 화초처럼 아버지의 보호 속에 매우 안전하게 자란 것 같습니다. 우리는 우리의 삶이나 우리 자녀들의 삶이 다윗보다는 솔로몬처럼 고생도 좀 덜하고 평안했으면 하는 마음을 가질 것입니다.

그러나 다윗의 삶은 솔로몬보다 좀 더 크고 넓은 하나님의 안전한 온실 속에서 언제나 하나님의 보호 아래 있었음을 간과해서는 안 될 것입니다. 온 우주만물을 창조하신 하나님의 세상은 전체가 다 하나님께서 보호하시는 안전한 온실이기 때문입니다.

삶이 고통스럽고 힘들다고 느껴질수록, 나의 삶이 남들보다 더 넓고 큰 하나님의 온실 속에 있다고 생각하며 믿음을 더욱 지키려 노력해야 할 것입니다. 형을 피해 안전한 집을 떠나 외삼촌 집으로 도망하던 야곱에게도, 애굽(이집트)에 종으로 팔려간 요셉에게도 하나님의 돌보심은 언제나 쉬지 않고 한결같으셨습니다. 그 하나님께서 오늘 우리의 삶도 지켜보고 계시며, 보호하고 계십니다. 다윗의 시가 나의 믿음의 고백이 되도록 기도하면서 계속해서 하나님의 말씀에 집중합시다.

 성경듣기 Bible Tongdok **(81.7분)**
〈통독성경〉 105-116일 | 삼하 11장-왕상 10장 |
pp.441-491 | 1.5배속

105일	사무엘하 11-12장, 시편 51편	우슬초 정결
106일	사무엘하 13-14장	압살롬의 암논 살해
107일	사무엘하 15장, 시편 3편	압살롬의 반역
108일	사무엘하 16-17장	다윗의 도피
109일	사무엘하 18-20장	다윗의 복귀
110일	사무엘하 21-22장	다윗의 노래
111일	사무엘하 23-24장	다윗의 삶의 자취
112일	열왕기상 1-2장	다윗의 유언
113일	열왕기상 3-4장	지혜로운 마음을 구하는 솔로몬
114일	열왕기상 5-7장	성전 건축
115일	열왕기상 8장	성전 낙성식
116일	열왕기상 9-10장	솔로몬의 모든 영화

A **분석** Analysis

역사서가 계속되고 있습니다. 성경은 구약과 신약에서 모두 역사서를 빠뜨리지 않고 있습니다. 역사를 공부하는 이유는 역사를 통해 과거의 잘못을 반복하지 않고 더 나은 미래로 가기 위함입니다. 그러나 성경 속 역사서는 그보다 더 중요한 이유가 있습니다. 성경의 역사서를 통해 우리는 하나님께서 세계를 경영하셨음을 알게 되고, 그 하나님께서 오늘도 세계를 경영하시고 계심을 깨닫게 됩니다. 그러므로 우리는 하나님께서 우리에게 주신 성경 속 역사서를 통해 미래의 하나님 나라를 소망하게 됩니다.

R 암송 Recitation

"다윗이 죽을 날이 임박하매 그의 아들 솔로몬에게 명령하여 이르되 내가 이제 세상 모든 사람이 가는 길로 가게 되었노니 너는 힘써 대장부가 되고 네 하나님 여호와의 명령을 지켜 그 길로 행하여 그 법률과 계명과 율례와 증거를 모세의 율법에 기록된 대로 지키라 그리하면 네가 무엇을 하든지 어디로 가든지 형통할지라"(왕상 2:1-3)

M 묵상 Meditation

이스라엘 역사뿐 아니라, 인류 역사를 통틀어도 다윗만큼 유명한 왕은 드물 것입니다. 특히 다윗과 골리앗의 싸움은 3000년이 지난 지금도 여전히 사람들에게 회자되고 있을 정도입니다. 그러한 다윗이 자신의 후계자 솔로몬에게 유언을 하면서 세상 그 무엇보다도 하나님의 율법을 지킬 것을 당부합니다. 이보다 멋진 유언은 세상 어디에도 없습니다. 우리도 이 땅에서 사는 동안 우리 믿음의 선배인 다윗이 남긴 유언대로 살고, 우리 후손들에게도 다윗과 같은 유언을 남기기를 소망합니다.

H 하나님의 마음 Heart of God

본문을 들으며 나의 생각을 잠시 내려놓고 하나님의 마음을 생각해 봅시다.

● 메모

전체 이야기 Whole Story (4분)

이제 우리는 솔로몬의 잠언과 아가와 전도서를 만날 것입니다. 잠언을 기록할 때 솔로몬은 참으로 아름다운 사람이었습니다. 경구를 하나 만드는 것도 쉽지 않습니다. 그런데 솔로몬은 하나님께서 주시는 지혜로 잠언을 3,000개나 말했습니다. 잠언을 통한 솔로몬의 지혜가 얼마나 놀라운지 감탄이 절로 나올 정도입니다. 솔로몬은 잠언을 통해 오늘을 사는 우리의 삶에 큰 도움을 주고 있습니다.

아가는 솔로몬의 국제정치와 정략결혼을 이해하고 나서 들어야 합니다. 솔로몬의 아버지 다윗은 왕의 자리에 있었을 때에 20세 이상 칼을 빼어들고 전쟁에 나갈 만한 군인을 130만 명이나 두었음에도 제국을 만들지 않았습니다. 그것은 하나님께서 모세를 통해 정해주신 이스라엘 나라의 경계를 넘지 않으려 했기 때문입니다.

예루살렘 성을 정복하기 위해 출정했던 앗수르의 군대 18만 5천 명을 생각한다면, 다윗 시대의 130만 명은 앗수르와 같은 제국을 여러 개 만들고도 남을 만한 숫자였습니다. 그러나 다윗이 끝까지 하나님의 말씀대로 제국이 아닌 제사장 나라를 지키려 했다는 사실에 놀라지 않을 수 없습니다.

반면 솔로몬은 나라의 경계를 넘는 군사적 제국은 만들지 않았으나, 국제정치와

무역을 통해 여러 나라들로부터 제국에 상응하는 상당한 조공을 받았으며 그 조공 품목 안에는 심지어 각 나라의 공주들까지 있었습니다. 그러한 국제정치와 정략결혼을 통해서 진정한 사랑을 발견하지 못한 솔로몬이 드디어 발견한 진정한 사랑이 바로 술람미 여인이었습니다. 그 술람미 여인과의 아름다운 사랑의 결과물이 바로 사랑의 찬가인 아가입니다.

잠언과 아가에 이은 솔로몬의 마지막 작품은 전도서입니다. 솔로몬은 전도서를 통해서 자신이 아버지 다윗처럼 살지 못했음을 고백하고 후회하는 모습을 보여줍니다. 그러면서 젊은 날 창조주 하나님을 기억하며 살라고 당부합니다. 이는 다시 말해 자신처럼 중간에 하나님에 대한 마음을 바꾸지 말고, 그의 아버지 다윗처럼 끝까지 하나님을 사랑하고 하나님을 경외하는 삶을 살라고 당부한 것입니다. 솔로몬의 당부는 지금 우리에게 들려주시고자 하는 하나님의 말씀입니다.

성경듣기 Bible Tongdok (85.7분)
〈통독성경〉 117-130일 | 잠 1장-욥 3장 | pp.492-548 | 1.5배속

A 분석 Analysis

시편, 잠언, 욥기, 아가, 전도서는 시가서입니다. 이 가운데 희곡문학의 최고라 할 수 있는 욥기는 역사순으로는 창세기와 함께 읽고 들어도 좋습니다. 시편은 150편 가운데 다윗의 시가 가장 많고, 그 외 다수 시편 기자들의 시를 포함하고 있습니다. 잠언은 다윗의 아들 솔로몬의 초기 작품들입니다. 하나님께서 인간에게 얼마나 상상할 수 없을 정도의 지혜를 주실 수 있는지 솔로몬을 통해 우리에게 보여주셨다고 할 수 있습니다. 아가는 솔로몬의 국제무역과 정략결혼의 산물이라 할 수 있습니다. 그리고 솔로몬의 노년의 작품인 전도서는 솔로몬이 발견한 최고의 보석으로, 입안에 모래가 가득한 채 한 고백인 '헛되다'를 우리에게 가르쳐주고 있습니다. 그리고 인생을 헛되지 않게 살기 위한 방법으로 '젊은 날 창조주 하나님을 기억하라'는 유언 중의 유언을 우리에게 선물로 주고 있습니다.

R 암송 Recitation

"여호와를 경외하는 것이 지식의 근본이거늘 미련한 자는 지혜와 훈계를 멸시하느니라"
(잠 1:7)

M 묵상 Meditation

여호와를 경외하는 것이 지식의 근본입니다. 이후 역사를 보면, 호세아 선지자는 북이스라엘이 망하는 이유가 다름 아닌 북이스라엘 백성들이 하나님을 아는 지식이 없기 때문이라고 말합니다. 여호와 하나님을 경외하고 다만 그를 섬겨야 합니다. 그것이 우리가 이 땅에서 사는 동안 망하지 않고 흥하게 사는 비결입니다. 하나님을 아는 길, 그리고 하나님의 뜻대로 사는 비결은 오직 살아계신 하나님의 말씀인 성경에 있습니다.

⊞ 하나님의 마음 Heart of God

본문을 들으며 나의 생각을 잠시 내려놓고 하나님의 마음을 생각해 봅시다.

● 메모

2 day	시간	pm.2:30~pm.4:00	총 소요 시간	90.4분
11	듣기 범위	욥기 4장~시편 33편 (131~144일)		

진행률 ━━━━━━━━━━━━━ 39.9%

W 전체 이야기 Whole Story (4분)

욥과 욥의 친구들과의 대화는 매우 형이상학적이고 철학적이며 지적입니다. 그러나 욥기에서 욥과 욥의 친구들과의 대화보다 훨씬 더 중요한 것은, 욥이 참을 수 없을 정도의 고통에도 불구하고 끝까지 하나님을 원망하지 않고 믿음을 지킨 것입니다. 그러한 욥에게 하나님께서 마지막에 가장 큰 선물을 주십니다.

하나님이 누구이신지 질문들을 통해 욥에게 알려주신 것입니다. "땅의 기초를 놓을 때 네가 어디 있었느냐?", "바다가 그 모태에서 터져 나올 때에 문으로 그것을 가둔 자가 누구냐?", "네가 바다의 샘에 들어갔었느냐?", "어느 것이 광명이 있는 곳으로 가는 길이냐, 어느 것이 흑암이 있는 곳으로 가는 길이냐?", "네가 우박 창고를 보았느냐?"

욥은 그의 고통을 통해 귀로만 듣던 하나님을 눈으로 보게 되고, 무소불능하시며 못 이룰 경영이 없으신 살아계신 하나님을 알게 된 것입니다. 욥기를 통해 우리는 인간의 죄의 문제와 고통의 문제, 그리고 하나님께서 어떤 분이신지를 깨닫게 됩니다. 계속해서 욥기와 시편을 듣겠습니다.

성경듣기 Bible Tongdok (86.4분)
〈통독성경〉 131-144일 | 욥 4장-시 33편 | pp.548-605 | 1.5배속

 분석 Analysis

욥기는 문학의 장르 가운데 희곡입니다. 오늘날 세계문학에서 가장 대표적인 희곡으로는 셰익스피어의 작품들을 꼽습니다. 그러나 셰익스피어의 모든 작품을 통틀어도 욥기를 능가할 수 없습니다. 욥기는 인간의 죄의 문제를 근본적으로 다룬 하나님의 말씀이기 때문입니다. 욥은 그의 고난을 통해 수많은 질문들을 하나님 앞에 내어놓았지만, 하나님의 질문이 시작되자 욥은 결국 그의 입을 다물 수밖에 없었습니다. 누가 하나님의 질문에 답할 수 있겠습니까? 성경은 읽으면 읽을수록 그 깊이와 넓이와 높이를 점점 더 알게 됩니다. 성경을 통해 하나님을 더욱 알아가게 되기 때문입니다.

R 암송 Recitation

"나의 반석이시요 나의 구속자이신 여호와여 내 입의 말과 마음의 묵상이 주님 앞에 열납되기를 원하나이다"(시 19:14)

M 묵상 Meditation

욥처럼, 다윗의 고백처럼 나의 입술의 모든 말과 마음의 묵상이 주께 열납되기를 원합니다. 나의 영혼이 잠잠히 주님만 바라기를 원합니다. 나의 영혼이 온전히 하나님을 송축하기를 원합니다. 그리고 하나님께서 나의 반석이시고 요새이심을 진심으로 고백합니다. 시편의 모든 기도가 늘 나의 기도가 되기를 소원합니다.

H 하나님의 마음 Heart of God

본문을 들으며 나의 생각을 잠시 내려놓고 하나님의 마음을 생각해 봅시다.

● 메모

W 전체 이야기 Whole Story (4분)

아름다운 시편을 계속해서 듣기 전 다윗의 시편 가운데 한 곡을 찬양하고 계속해서 시편을 듣겠습니다. 다음 곡 중에서 원하시는 곡을 한 곡 선택해 주십시오.

'내가 만민 중에'

내가 만민 중에 오 주께 감사하며 주님을 찬양하리 열방 중에서

주의 인자는 커서 커서 하늘에 미치고 주의 진리는 넓은 궁창에 이르나니

하늘 위에 주는 높이 들리며 주의 영광은 온 세계 위에

하늘 위에 주는 높이 들리며 주의 영광은

주의 영광은 주의 영광은 온 세계 위에

'나의 영혼이 잠잠히'

나의 영혼이 잠잠히 하나님만 바람이여 나의 구원이 그에게서 나는도다

나의 영혼아 잠잠히 하나님만 바라라 나의 소망이 저에게서 나는도다

오직 주만이 나의 반석 나의 구원이시니

오직 주만이 나의 산성 내가 요동치 아니하리

나의 영혼이 간절히 여호와를 갈망하며 나의 입술이 여호와를 찬양하리

나의 영혼이 즐거이 여호와를 따르리니 나의 평생에 여호와를 송축하리

오직 주만이 나의 반석 나의 구원이시니

오직 주만이 나의 산성 내가 요동치 아니하리

나의 구원 나의 영광 하나님께 있으니 내 힘의 반석과 피난처 되시네

오직 주만이 나의 반석 나의 구원이시니

오직 주만이 나의 산성 내가 요동치 아니하리

오직 주만이 나의 반석 나의 구원이시니 오직 주만이 나의 산성

내가 요동치 아니하리 내가 요동치 아니하리 내가 요동치 아니하리

'내 입술로'

내 입술로 하나님의 이름을 찬송하며

내맘으로 하나님을 즐겁게 찬양하네

할렐루야 할렐루야 할렐루 할렐루야

할렐루야 할렐루야 할렐루 할렐루야

황소를 드림보다 진정한 노래를 기쁘게 받아주시는 주님

찬송을 부르며 영원히 섬기리 주님께 영광 돌리리

할렐루야 할렐루야 할렐루 할렐루야

할렐루야 할렐루야 할렐루 할렐루야

이제 찬양하는 마음으로 시편을 계속해서 듣겠습니다.

 성경통독 Bible Tongdok **(104.6분)**

〈통독성경〉 145-156일 | 시 35-134편 | pp.605-673 | 1.5배속

145일	시편 35-41편	시와 찬미
146일	시편 42-50,53편	시와 찬미
147일	시편 55-56,58,60-66편	시와 찬미
148일	시편 67-72편	시와 찬미

A 분석 Analysis

시편은 언제 어디서 어떤 마음으로 읽어도 결국 우리의 마음을 다시 하나님께로 향하게 합니다. 그래서 시편을 묵상하는 것은 언제나 좋습니다. 시편이 이렇게 좋은 이유는 시편의 저자가 그만큼 진솔하게 하나님을 의지하고, 마음속 깊이 하나님을 찬송했기 때문입니다. 그리고 무엇보다 고난 가운데에서도 그 입술로 불평과 불만을 내뱉지 않았기 때문입니다. 인간이 할 수 있는 가장 아름다운 일은 우리 입술로 하나님을 찬양하는 것입니다. 하나님께서 시편을 성경으로 우리에게 주신 이유가 바로 그것입니다.

R 암송 Recitation

"하나님이여 내 마음을 정하였사오니 내가 노래하며 나의 마음을 다하여 찬양하리로다 비파야, 수금아, 깰지어다 내가 새벽을 깨우리로다 여호와여 내가 만민 중에서 주께 감사하고 뭇 나라 중에서 주를 찬양하오리니 주의 인자하심이 하늘보다 높으시며 주의 진실은 궁창에까지 이르나이다 하나님이여 주는 하늘 위에 높이 들리시며 주의 영광이 온 땅에서 높임 받으시기를 원하나이다"(시 108:1-5)

M 묵상 Meditation

다윗의 시편들은 그가 평안할 때에 지은 것도 있지만, 그보다는 견딜 수 없는 고난 가운데 하나님을 더욱 의지하기 위해 지은 것이 더 많습니다. 인생의 여정 가운데 우리도 평안하고 좋은 날보다 힘들고 어려운 날을 더 많이 기억하고 그 기간을 견디기 힘들어 합니다. 그런 시기에 다윗의 시편들은 우리의 믿음을 다시 견고하게 하는데 가장 좋은 처방이 됩니다. 그래서 오늘 우리도 우리의 입술로 다윗처럼 고백합니다. 내가 이 고난의 깊은 밤에 다시 새벽을 깨우리로다. 그리고 또다시 새 힘으로 주님을 찬송합니다.

H 하나님의 마음 Heart of God

본문을 들으며 나의 생각을 잠시 내려놓고 하나님의 마음을 생각해 봅시다.

● **메모**

전체 이야기 Whole Story (4분)

지금부터는 시편 135편에서부터 시편 150편 끝까지 들을 것이고, 계속해서 열왕기상을 듣고 북이스라엘의 역사에 대해 집중적으로 살펴볼 것입니다. 이스라엘 왕정 500년은 사울, 다윗, 솔로몬이 각각 40년씩 통치하면서 120년간 통일왕국을 보냈으며, 그 후에 이스라엘은 남유다와 북이스라엘, 즉 한 민족 두 국가로 나뉘어 약 200년간 분단의 시간을 보내게 됩니다.

200년간 한 민족 두 국가로 나라를 유지하던 이스라엘은 북이스라엘이 먼저 앗수르에게 멸망하고, 북이스라엘 백성은 앗수르 제국의 혼혈정책에 의해 혼혈족 사마리아인이 되고 맙니다. 이후 남유다만 남아서 약 150년간 나라를 더 유지합니다. 그러나 남유다도 결국 바벨론에게 멸망하여 남유다 백성은 바벨론 포로로 끌려가 70년간 바벨론 포로 생활을 하게 됩니다.

지금부터 우리가 들을 부분은 북이스라엘의 역사입니다. 북이스라엘은 약 200년 동안 나라를 유지하면서 7번의 쿠데타가 있었고, 19명의 왕들이 등장했습니다. 북이스라엘의 첫 번째 왕은 여로보암이었으며, 이후 오므리 왕조(오므리 왕과 아합 왕)와 예후 왕조가 가장 두드러진 왕조를 세웠습니다. 오므리 왕조 때에 아합 왕과 그의 아내 이세벨이 북이스라엘에 바알과 아세라 우상을 퍼뜨렸습니다. 그때 하나님께서 북이스라엘에 보내신 선지자가 바로 엘리야와 엘리사 선지자입니다.

83

그리고 그 이후 북이스라엘이 경제적으로 가장 번성할 때였던, 즉 여로보암 2세가 북이스라엘의 왕으로 있었을 때 하나님께서 보내신 선지자 아모스도 이어서 함께 만나보겠습니다. 하나님의 마음을 생각하면서 시편과 열왕기상, 그리고 아모스서를 듣겠습니다.

 성경통독 Bible Tongdok (107.3분)
〈통독성경〉 157-170일 | 시 135편-암 9장 | pp.673-738 | 1.5배속

157일	시편 135-142편	시와 찬미
158일	시편 143-150편	시와 찬미
159일	열왕기상 12-14장	남북분열과 여로보암의 길
160일	열왕기상 15장-16:20	분쟁하는 남북왕국
161일	열왕기상 16:21-17장	오므리 왕조
162일	열왕기상 18-19장	오므리 왕조와 엘리야의 사역
163일	열왕기상 20-22장	오므리 왕조의 죄악과 아합의 최후
164일	열왕기하 1-2장	엘리야에서 엘리사로
165일	열왕기하 3-5장	엘리사가 베푼 기적의 배경
166일	열왕기하 6-8장	오므리 왕조와 엘리사의 사역
167일	열왕기하 9-10장	예후의 치적과 엘리사
168일	열왕기하 11-14장	요아스의 치적과 여로보암 2세
169일	아모스 1-5장	나라들에 대한 심판 선언
170일	아모스 6-9장	정의를 강물 같이

 분석 Analysis

아모스는 기원전 8세기 북이스라엘에서 호세아와 동시대에 활동한 선지자입니다. 또한 동시대에 남유다에서는 이사야와 미가 선지자가 하나님의 말씀을 전했습니다. 이와 같이 기

원전 8세기에 북이스라엘과 남유다에서 동시에 이렇게 선지자들이 한꺼번에 등장하여 하나님의 말씀을 전한 이유는 그 시대가 그만큼 죄 가운데 있었기 때문입니다. 이스라엘이 제사장 나라의 사명을 완전히 망각한 채 죄악의 길로 내닫고 있었다는 것입니다. 하나님께서 이스라엘이 제사장 나라 대신 왕정을 요구할 때 미리 염려하셨던 모든 일이 현실이 되고 있었습니다.

ℝ 암송 Recitation

"오직 정의를 물 같이, 공의를 마르지 않는 강 같이 흐르게 할지어다"(암 5:24)
"에브라임이여 내가 어찌 너를 놓겠느냐 이스라엘이여 내가 어찌 너를 버리겠느냐 내가 어찌 너를 아드마 같이 놓겠느냐 어찌 너를 스보임 같이 두겠느냐 내 마음이 내 속에서 돌이키어 나의 긍휼이 온전히 불붙듯 하도다"(호 11:8)

𝕄 묵상 Meditation

공의의 하나님은 반드시 죄를 처벌하십니다. 하나님께서 공의의 잣대를 드시면 이 세상에 살아남을 인간은 단 한 사람도 없습니다. 그런데 공의의 하나님께서 당신의 형상을 닮은 인간을 참으로 사랑하셨습니다. 그래서 죄를 지은 인간들을 처벌하시는 대신 용서받을 수 있는 놀라운 길을 열어주셨습니다. 하나님 앞에서 그 일을 감당하는 사람이 제사장이고, 그 일을 감당하는 나라가 바로 제사장 나라였던 것입니다. 하나님의 사랑이 얼마나 크고 놀라운지 다시금 감사하지 않을 수 없습니다.

ℍ 하나님의 마음 Heart of God

본문을 들으며 나의 생각을 잠시 내려놓고 하나님의 마음을 생각해 봅시다.

● 메모

2 day	시간	pm.8:50~pm.10:30	총 소요 시간	100.2분
14	통독 범위	호세아 1장~이사야 35장 (171~184일)		

진행률 ████████████████████ 52.3%

W 전체 이야기 Whole Story (4분)

기원전 8세기는 세계 역사에서 매우 중요한 시기로 기록되고 있습니다. 그리스는 아테네와 스파르타와 같은 도시국가들이 생겨나고 있었고, 로마는 로물루스와 레무스 쌍둥이가 늑대 젖을 먹으며 로마 신화를 만들고 있었습니다. 즉, 그리스와 로마가 태동하고 있었던 시기입니다.

그러나 그리스 로마의 태동보다 훨씬 더 중요한 역사적인 사건은 기원전 8세기에 하나님의 사람들인 아모스, 호세아, 이사야, 미가 선지자가 동시에 활동하며 그 시대를 향한 하나님의 말씀을 선포하고 있었다는 것입니다. 그 시대에 선지자들이 동시에 한꺼번에 등장했다는 것은 그 시대가 그만큼 문제가 많았다는 것입니다.

기원전 8세기 북이스라엘은 경제적으로 가장 번성할 때였습니다. 하지만 경제성장이 대체로 그러하듯이 북이스라엘의 경제적 부는 오히려 부익부 빈익빈의 양극화를 더욱 두드러지게 양산시키고 있었습니다. 북이스라엘에서 그 시대의 잘못을 지적하고 하나님께로 돌아올 것을 외친 선지자들이 바로 아모스와 호세아였습니다.

하나님께서는 동시대 남유다에는 이사야와 미가 선지자를 보내셔서 하나님의 뜻을 전하셨습니다. 선지자들을 통해 들려주신 하나님의 말씀을 들어보겠습니다.

성경통독 Bible Tongdok (93.2분)

〈통독성경〉 171-184일 | 호 1장-사 35장 | pp.739-796 | 1.5배속

171일	호세아 1-4장	호세아의 고멜 사랑 비유
172일	호세아 5-9장	제사보다 사랑을 원한다
173일	호세아 10-14장	여호와께 돌아오라
174일	요나 1-4장	열방을 향한 사랑
175일	열왕기하 15-16장	북왕국의 쇠락
176일	열왕기하 17장-18:12	히스기야의 개혁
177일	이사야 1-3장	이사야의 소명
178일	이사야 4-7장	그루터기 비유
179일	이사야 8-12장	구원에 관한 약속
180일	이사야 13-17장	이방 나라들에 대한 경고
181일	이사야 18-20장	애굽과 구스에 대한 경고
182일	이사야 21-24장	환상의 골짜기 예루살렘
183일	이사야 25-29장	남유다에 대한 하나님의 경고
184일	이사야 30-35장	의로 통치하는 왕

 분석 Analysis

아모스가 하나님의 공의를 전할 시기에 북이스라엘은 여로보암 2세가 통치하던 때로 경제적으로 가장 부유할 때였습니다. 경제적 부와 아모스가 전한 하나님의 공의 가운데 북이스라엘의 선택은 늘 경제 우선으로 가난한 자들에 대한 부자들의 악행은 매우 심각했고 우상숭배 또한 만연했습니다. 결국 북이스라엘은 그 후 30여 년 후에 앗수르 제국에게 멸망하고 말았습니다. 고대 근동에 강대국들 사이에서 회오리가 치던 기원전 8세기 동시대에 아모스, 호세아, 이사야, 미가 선지자가 활동했습니다. 그들이 그 시대에 전한 중요한 메시지는 하나님께서 세계를 경영하신다는 것이었습니다.

ℝ 암송 Recitation

"오라 우리가 여호와께로 돌아가자 여호와께서 우리를 찢으셨으나 도로 낫게 하실 것이요 우리를 치셨으나 싸매어 주실 것임이라 여호와께서 이틀 후에 우리를 살리시며 셋째 날에 우리를 일으키시리니 우리가 그의 앞에서 살리라 그러므로 우리가 여호와를 알자 힘써 여호와를 알자 그의 나타나심은 새벽 빛 같이 어김없나니 비와 같이, 땅을 적시는 늦은 비와 같이 우리에게 임하시리라 하니라"(호 6:1-3)

Ⅿ 묵상 Meditation

사랑 많으신 하나님께서 아브라함과 맺은 언약을 기억하시며 제사장 나라로 택하신 이스라엘에게 계속해서 져주고 계신 것입니다. 공의의 하나님께서 죄에 대한 처벌을 미루시면서 이스라엘에게 돌아오라고 애타게 부르고 계십니다. 하나님의 그 사랑을 호세아가 온 마음으로 전합니다. 제발 하나님을 좀 알라고 말입니다. 호세아의 그 애타는 목소리가 오늘 우리에게도 들립니다.

Ⅱ 하나님의 마음 Heart of God

본문을 읽으며 나의 생각을 잠시 내려놓고 하나님의 마음을 생각해 봅시다.

● 기도회 (3분)

다 함께 통성기도 후, 주기도문으로 마칩니다.

● 메모

3 day

	시간	〈1년1독 통독성경〉 범위	트랙설명	내용설명	통독	총 시간
15	am. 6:30~8:00		찬양, 기도 : 3분			88.9분
		185~197일(왕하 18장~왕하 23장)	•	4분	81.9분	
	8:00~8:50		아침식사			
16	8:50~10:20	198~210일(습 1장~렘 28장)	•	4분	85분	89분
	10:20~10:30		휴식시간			
17	10:30~12:00	211~223일(렘 29장~대상 3장)	•	4분	86.3분	90.3분
	pm.12:00~12:50		점심식사			
18	12:50~2:20	224~236일(대상 4장~대하 17장)	•	4분	88.2분	92.2분
	2:20~2:30		휴식시간			
19	2:30~4:00	237~248일(대하 18장~겔 20장)	•	4분	85.1분	89.1분
	4:00~4:10		휴식시간			
20	4:10~6:00	249~263일(겔 21장~단 9장)	트랙3-페르시아 7권 : 7분	4분	96.4분	107.4분
	6:00~6:50		저녁식사			
21	6:50~8:40	264~280일(단 10장~말 4장)	•	4분	105.9분	109.9분
	8:40~8:50		휴식시간			
22	8:50~10:30	281~290일(마 1장~막 3장)	트랙4 - 중간사 400년 : 7분	4분	76.3분	97.3분
			트랙5-4복음서 : 7분			
			기도회 : 3분			

3 day 15	시간	am.6:30~am.8:00	총 소요 시간	88.9분
	통독 범위	**열왕기하 18장~열왕기하 23장** (185~197일)		

진행률 ━━━━━━━━━━━━━━━ 55.7%

● **시작 기도** Prayer **(1분)** – 다 같이

사랑 많으신 하나님 아버지 감사합니다.
지난밤도 하나님의 은혜 가운데 평안한 밤을 보내게 하시고
또 새로운 아침을 맞이하게 해주셔서 감사합니다.

오늘 하루도 일용할 양식을 주시고
우리가 우리에게 죄 지은 자를 용서할 수 있는 마음을 주소서.
그리하여 하나님께 우리의 죄도 용서받는 날이 되게 하소서.

하나님의 말씀을 듣고 읽을 수 있는 귀한 기회 주심을 감사합니다.
오늘도 하나님께서 주시는 힘과 능력으로
말씀에 집중하는 하루가 되게 하소서.

언제나 우리 입술에 찬양이 멈추지 않게 하시며
우리의 영혼이 매일 하나님을 송축하는 인생이 되게 하소서.
오늘 하루도 하나님의 말씀으로 시작하오니 힘주시고 능력 주소서.
존귀하신 예수 그리스도의 이름으로 기도합니다.
아멘.

● **찬송**^{Praise} (2분) - '내 기도하는 그 시간'

ⓦ 전체 이야기^{Whole Story} (4분)

지금부터는 남유다에 관한 역사와 기원전 8세기 남유다에서 하나님의 말씀을 전한 이사야와 미가 선지자를 만날 것입니다. 이사야 선지자의 글을 대한다는 것은 정말 대단한 일입니다. 우리가 이 시대의 지성을 논하곤 하지만, 살아가면서 이사야만큼 탁월한 지성인을 만나본다는 것은 가히 영광이라 할 정도입니다.

이사야는 탁월한 식견과 지성을 가진 하나님의 사람이었습니다. 이사야는 그 시대에 하나님의 세계경영을 논하였으며, 하나님의 아들이시며 메시아이신 예수 그리스도의 탄생을 800년 전에 이미 예언했습니다. 우리는 이사야를 통해 구원의 아름다운 소식을 듣게 될 것입니다.

동시에 우리는 미가 선지자를 통해 하나님의 뜻을 깨닫게 될 것입니다. 미가 선지자는 이사야 선지자처럼 메시아에 대한 예언을 했는데, 메시아는 사마리아나 예루살렘 같은 큰 도시가 아닌 시골 작은 마을 베들레헴에서 태어나실 것이라 전했습니다. 예수님이 이 땅에 오시기 800년 전, 하나님께서는 무슨 말씀을 하셨는지 귀 기울여 들어보아야 할 것입니다.

Ⓣ 성경통독 ^{Bible Tongdok} (81.9분)
〈통독성경〉 185-197일 | 왕하 18장-왕하 23장 |
pp.796-851 | 1.6배속

185일	열왕기하 18:13-37, 이사야 36장	유다를 위협하는 앗수르

186일	열왕기하 19장, 이사야 37장	히스기야의 기도와 하나님의 구원
187일	열왕기하 20장, 이사야 38-39장	히스기야의 병과 회복
188일	이사야 40-42장	하나님의 위로
189일	이사야 43-45장	이스라엘의 회복
190일	이사야 46-50장	이스라엘의 구원
191일	이사야 51-55장	고난 받는 종
192일	이사야 56-59장	참된 회개
193일	이사야 60-63장	구원의 아름다운 소식
194일	이사야 64-66장	영광과 평화의 청사진
195일	미가 1-3장	영광이 빠져버린 시온 산성
196일	미가 4-7장	영광이 회복될 시온 산성
197일	열왕기하 21-23장	왕정 총결산

📊 분석 Analysis

B.C.722년 북이스라엘을 멸망시킨 앗수르 제국이 그동안 원만한 외교관계를 유지하던 남유다에게 등을 돌리고 본격적인 제국주의를 드러내자 남유다도 비상시국이 됩니다. 이것은 이미 하나님의 선지자들에 의해 여러 차례 예언된 일이었습니다. 그럼에도 불구하고 당시 남유다의 왕이었던 아하스와 남유다 백성들은 여전히 선지자들의 말에는 귀를 기울이지 않습니다. 그러자 하나님께서 이사야와 미가 선지자를 통해 메시아를 예언하게 하십니다. 메시아 예언은 바로 기원전 8세기 북이스라엘의 멸망과 남유다의 혼란 가운데 하나님께서 그의 뜻을 드러내신 가장 중요한 사건이었습니다.

📖 암송 Recitation

"두려워하지 말라 내가 너와 함께 함이라 놀라지 말라 나는 네 하나님이 됨이라 내가 너를 굳세게 하리라 참으로 너를 도와 주리라 참으로 나의 의로운 오른손으로 너를 붙들리라"
(사 41:10)

M 묵상 Meditation

하나님께서 아브라함과 맺은 언약을 기억하시며 그의 후손들이 민족을 이루기까지 오랜
세월 기다리시며 꿈꾸신 제사장 나라가 제 사명을 감당하지 못하고 있습니다. 북이스라엘
이 이미 멸망했음에도 남유다는 선지자들을 통한 하나님의 말씀에 귀를 기울이지 않고 있
는 것입니다. 그러자 하나님께서 남유다의 처벌을 앞두시고 오히려 하나님의 아들 메시아
를 이 땅에 보내기로 결심하십니다. 제사장 나라를 포함하는 하나님 나라를 그의 아들을
통해 인간들에게 주시기 위함입니다. 아들을 내어주시기까지 인간을 사랑하시는 하나님의
끝없는 사랑에 감사와 찬송을 드리지 않을 수 없습니다.

H 하나님의 마음 Heart of God

본문을 들으며 나의 생각을 잠시 내려놓고 하나님의 마음을 생각해 봅시다.

● 메모

전체 이야기 Whole Story (4분)

스바냐의 찬송 '너의 하나님 여호와가'를 함께 찬양하겠습니다.

> 너의 하나님 여호와가 너의 가운데 계시니
>
> 그는 구원을 베푸실 전능자 전능자시라
>
> 그가 너로 인하여 기쁨을 이기지 못하시며
>
> 너를 잠잠히 사랑하시며
>
> 즐거이 부르며 기뻐 기뻐하시리라

이사야와 미가 선지자를 통한 하나님의 말씀을 전해 들고도 남유다의 왕과 신하들과 백성은 하나님께 돌아오려 하지 않았습니다. 제사장 나라를 꿈꾸셨던 하나님의 뜻과는 달리 왕정을 택한 이스라엘은 하나님께로부터 더욱 멀어져만 갔습니다. 그러자 하나님께서는 이스라엘의 왕정을 종료시키고, 다시 그들로 하여금 제사장 나라를 꿈꾸게 하기 위해 일하기 시작하셨습니다.

하나님께서는 북이스라엘에 이어 남유다도 왕정을 종료하고, 남유다 백성을 바벨론 포로로 보내 70년간 재교육시키시기로 뜻을 정하신 것입니다. 이것은 광야 40년 교육에 비해 거의 두 배의 시간을 정하신 것입니다. 70년 포로 생활을 통해 이스라엘은 왕정을 완전히 벗어날 것입니다. 그리고 다시 제사장 나라의 꿈을 세우게 될 것입니다.

이사야와 미가 이후의 선지자들은 그러한 하나님의 뜻을 남유다 백성에게 전했습니다. 스바냐 선지자는 바벨론에 의해 남유다가 멸망할 것이지만, 그럼에도 불구하고 하나님의 긍휼로 살아남은 자들이 있을 것이고, 그 '남은 자'들로 인해 다시 하나님께서 기쁨을 이기지 못하시며 그들을 잠잠히 사랑하실 것을 찬양했습니다.

그리고 눈물의 선지자 예레미야가 이어서 하나님의 뜻을 전합니다. 예레미야가 눈물의 선지자라는 별명이 붙을 정도로 하나님의 말씀을 전하면서 그토록 울고 또 울었던 것은 그가 하나님의 마음을 알고 있었기 때문입니다. 하나님의 뜻은 이스라엘의 왕정 종료와 바벨론으로 가서 다시금 70년간의 재교육을 받는 것입니다. 그래서 예레미야는 이스라엘이 바벨론에 항복하여 전쟁에서 패한 뒤 일어나는 가장 비참한 약탈을 막고자 애썼던 것입니다.

그런데 남유다의 왕과 신하들과 백성들은 하나님의 뜻보다는 자신들의 희망사항을 오히려 하나님의 뜻이라고 바꿔 정했습니다. 그리고 거짓 선지자 하나냐가 왕과 백성들의 귀에 달콤한 말을 전하며 그것이 하나님의 뜻이라고 거짓 예언을 하자 그것을 더 좋아했습니다. 하나님의 뜻에는 관심이 없고, 하나님을 그저 자신들을 보호해주시기만 하면 되는 분으로 만들었던 것입니다.

우리는 하나님의 뜻이 무엇인지 다른 무엇이 아닌 하나님의 말씀인 '성경'을 통해 찾아야 할 것입니다. 제사장 나라를 세우고 싶으셨던 하나님, 하나님의 마음을 아는 선지자들, 그러나 자기들 마음대로 살아가는 아브라함의 후손 이스라엘. 이 안타까운 이야기가 바로 바이블 통트랙스 7 가운데 '왕정 500년'이고, 그 '왕정 500년' 동안 활동했던 선지자들의 예언서입니다. 계속해서 스바냐와 하박국과 요엘, 그리고 예레미야를 듣겠습니다.

성경통독 Bible Tongdok (85분)

〈통독성경〉 198-210일 | 습 1장-렘 28장 | pp.851-907 | 1.6배속

198일	스바냐 1-3장	공의와 겸손을 구하라
199일	하박국 1-3장	의인은 믿음으로 살리라
200일	나훔 1-3장	열방을 향한 공의
201일	요엘 1-3장	마음을 찢으라
202일	열왕기하 24장, 예레미야 1-3장	남유다에 대한 설득과 심판
203일	예레미야 4-6장	패역한 남유다
204일	예레미야 7-9장	주의 계명을 떠난 이스라엘
205일	예레미야 10-13장	약속을 깨뜨린 이스라엘
206일	예레미야 14-16장	마음을 돌이키라
207일	예레미야 17-20장	남유다의 죄
208일	예레미야 21-23장	예레미야의 설득
209일	예레미야 24-25장	바벨론 1차 포로로 끌려간 남유다 백성
210일	예레미야 26-28장	거짓 선지자들과 싸우는 예레미야

분석 Analysis

북이스라엘이 멸망하고 남유다만 남은 상황에서 하나님께서는 기원전 7세기부터 6세기까지 스바냐, 하박국, 나훔, 요엘, 그리고 예레미야 선지자까지 계속해서 하나님의 사람들을 보내고 계십니다. 그럼에도 불구하고 완악한 남유다 백성들은 하나님께 돌아가려고 하지 않습니다. 그러자 드디어 예레미야 선지자가 남유다의 멸망과 70년간 바벨론 포로 생활을 예언하기 시작합니다.

암송 Recitation

"너의 하나님 여호와가 너의 가운데에 계시니 그는 구원을 베푸실 전능자이시라 그가 너

로 말미암아 기쁨을 이기지 못하시며 너를 잠잠히 사랑하시며 너로 말미암아 즐거이 부르며 기뻐하시리라 하리라"(습 3:17)

M 묵상 Meditation

하나님의 말씀을 대언했던 선지자들은 하나님의 본심을 알고 있었기에 더욱 안타까워했습니다. 사랑의 하나님과 하나님의 사랑을 깨닫지 못하는 이스라엘 사이에서 이스라엘 백성들에게 하나님에 대해 아무리 목놓아 전해도 그 말씀이 허공으로 날아가버렸기 때문입니다. 오늘날도 하나님의 사랑은 여전히 크고 깊은데 수많은 사람들이 아직도 하나님의 사랑에 대해 잘 알지 못합니다. 우리의 사명이 분명하고 뚜렷하게 보입니다. 사랑의 하나님을 세상 모든 사람에게 온 마음으로 전해야 할 것입니다.

H 하나님의 마음 Heart of God

본문을 들으며 나의 생각을 잠시 내려놓고 하나님의 마음을 생각해 봅시다.

● 메모

W 전체 이야기 Whole Story (4분)

이사야의 분량이 많았던 것처럼 예레미야의 분량도 상당히 많습니다. 이것은 하나님께서 그 시대에 하시려는 말씀이 그만큼 많았다는 것입니다. 그런데 남유다의 왕과 신하들과 백성들은 하나님의 말씀에는 귀를 막고, 오히려 쏜살같이 계속해서 달리는 전차처럼 죄악의 길로만 치달아가고 있었습니다.

북이스라엘이 그들의 죄로 말미암아 앗수르 제국에게 멸망했던 것처럼, 결국 남유다도 바벨론 제국에 의해 멸망하고 맙니다. 바벨론 군인들이 예루살렘 성을 포위하고 항복을 요구했을 때 예레미야의 조언대로 바벨론의 요구를 들어주었더라면, 예루살렘은 성전과 왕궁과 집들이 불타지 않았을 것입니다. 성벽도 부서지지 않았을 것입니다. 그리고 시드기야 왕의 두 아들도 죽지 않고 살 수 있었을 것입니다. 또한 시드기야 왕도 두 눈이 뽑히지 않았을 것입니다. 더 나아가 예루살렘 성안에 살고 있었던 백성도 그렇게 비참하게 바벨론 군인들의 칼에 죽지 않았을 것입니다.

전쟁에서 가장 참혹한 결과인 승전국 군인들의 '약탈'을 막기 위해 예레미야가 그토록 간절하게 항복을 주장했건만, 남유다의 마지막 왕이었던 시드기야는 끝내 고집을 부리다가 자신은 물론 백성까지 모두 비참한 최후를 맞이하게 했습니다. 불타버린 예루살렘을 바라보며 예레미야가 또 웁니다. 예레미야의 슬픈 노래가 바로 예레미야애가입니다. 예레미야와 예레미야애가를 듣겠습니다.

성경통독 Bible Tongdok (86.3분)

〈통독성경〉 211-223일 | 렘 29장-대상 3장 | pp.907-964 | 1.6배속

211일	예레미야 29-31장	끌려간 남유다 백성에 대한 설득
212일	예레미야 32-33장	이스라엘의 회복에 대한 약속
213일	예레미야 34-36장	포위 중 항복을 위한 설득
214일	예레미야 37-38장	예레미야의 수난
215일	열왕기하 25장, 예레미야 39-41장	예루살렘 멸망
216일	예레미야 42-45장	남겨진 남유다 백성의 행동
217일	예레미야 46-48장	열방에 대한 심판
218일	예레미야 49-50장	세계를 향한 심판
219일	예레미야 51-52장	하나님의 심판
220일	예레미야애가 1-2장	무너지는 예루살렘
221일	예레미야애가 3-5장	소망 – 주의 인자와 긍휼
222일	오바댜 1장	형제가 환난당하는 날
223일	역대상 1-3장	다윗의 계보

 분석 Analysis

본문은 예레미야가 예언한 대로 남유다가 바벨론 제국에게 멸망하고, 남유다 백성들이 바벨론으로 끌려간 사건을 기록하고 있습니다. 과거에 출애굽한 이스라엘 백성들이 가데스바네아 사건으로 말미암아 40년간 광야에서 모세에게 교육받아 만나세대로 거듭났듯이, 이제 남유다 백성들은 바벨론에서 70년간 재교육을 받을 것입니다. 바벨론에서 그들이 교육받게 될 내용은 '다시 시작하는 제사장 나라' 입니다. 남유다의 시드기야 왕을 끝으로 이스라엘의 왕정은 완전히 종료되었고, 이제 그들은 왕이 다스리는 나라가 아닌 다시 제사장 나라로서의 사명을 감당할 만한 민족으로 거듭날 것입니다.

R 암송 ^{Recitation}

※ "여호와여 우리를 주께로 돌이키소서 그리하시면 우리가 주께로 돌아가겠사오니 우리의 날들을 다시 새롭게 하사 옛적 같게 하옵소서 주께서 우리를 아주 버리셨사오며 우리에게 진노하심이 참으로 크시니이다"(애 5:21-22)

M 묵상 ^{Meditation}

공의의 하나님께서 북이스라엘에 이어 남유다의 죄악까지 처벌하셨습니다. 출애굽한 이스라엘은 약속의 땅 가나안에 살기 시작하면서 하나님과 약속한 안식일, 안식년, 희년을 지키지 않았는데, 그 지키지 않은 날수가 무려 70년에 이른 것입니다. 하나님께서는 70년간 예루살렘 땅을 안식하게 하시고, 그 기간 동안 남유다 백성들은 바벨론으로 끌려가 그곳에서 재교육을 받고 돌아오라고 명령하신 것입니다. 남유다 백성들은 그들의 죄로 진멸되어야 함이 마땅했지만, 하나님께서 또다시 자비와 은혜를 베풀어 그들에게 기회를 주신 것입니다. 우리에게 주어진 시간들도 하나님께서 베풀어주신 자비와 은혜의 시간입니다.

H 하나님의 마음 ^{Heart of God}

본문을 들으며 나의 생각을 잠시 내려놓고 하나님의 마음을 생각해 봅시다.

● 메모

3 day	시간	pm.12:50~pm.2:20	총 소요 시간	92.2분
18	통독 범위	역대상 4장~역대하 17장 (224~236일)		

진행률 ━━━━━━━━━━━━━━━━━━━━━━━━━━ 66.2%

W 전체 이야기 Whole Story (4분)

열왕기상·하와 역대상·하는 모두 이스라엘 왕정 500년을 다룬 역사서입니다. 그런데 열왕기상·하는 북이스라엘의 역사와 남유다의 역사를 함께 다룬 반면, 역대상·하는 다윗에서부터 시작하여 남유다의 역사만을 다루었다는 특징이 있습니다. 때문에 우리는 역대상·하를 통해 남유다의 역사를 보다 자세히 알 수 있습니다.

지금부터 우리는 역대상·하를 들을 것입니다. 역대상·하는 기록 연대가 바벨론 포로 생활을 다녀온 후이기 때문에 다윗 왕에 대해 유난히 강조점을 두면서 기록했음이 두드러지게 나타납니다. 이것은 나라를 잃고 70년간 남의 나라의 포로로 다녀온 남유다 사람들이 황폐해 있는 예루살렘에 돌아와 그들의 역사를 다시금 정리하면서 자신들의 전성기였던 다윗 시대에 대한 강한 애착과 회한을 드러내고 있기 때문입니다.

바벨론으로부터 돌아온 귀환공동체가 어떤 마음으로 그들의 역사를 정리하며 다시 하나님 앞에 바로 서기 위해 노력했는지를 살피면서 역대상·하를 만나겠습니다.

224일	역대상 4-5장	이스라엘의 족보들 1
225일	역대상 6-9장	이스라엘의 족보들 2
226일	역대상 10-12장	왕이 된 다윗과 그의 용사들
227일	역대상 13-16장	언약궤의 예루살렘 안치
228일	역대상 17-20장	다윗의 기도와 승전 기록
229일	역대상 21-22장	다윗의 죄악과 회개
230일	역대상 23-26장	다윗 시대 직분자 계보
231일	역대상 27-29장	다윗의 내각과 성전 건축 준비
232일	역대하 1-4장	솔로몬의 성전 건축
233일	역대하 5-7장	솔로몬의 성전 낙성식
234일	역대하 8-9장	솔로몬의 업적
235일	역대하 10-13장	남유다와 북이스라엘의 분열
236일	역대하 14-17장	남유다 왕국의 초기 왕들

 분석 Analysis

역대상·하는 바벨론 포로 70년을 보내고 다시 예루살렘으로 돌아온 귀환공동체가 그들의
역사를 되새기며 다시 새롭기 시작하기 위해 기록한 역사서입니다. 때문에 역대상·하는
다윗 왕으로부터 시작하여 남유다의 역사만을 기록하고 있습니다. 또한 무엇보다 다윗 왕
에 대해 강조한 면이 두드러집니다. 그것은 귀환공동체가 다윗 시대를 그리워하며 그 시대
를 다시 열고자 하는 소망을 가지고 있었기 때문입니다.

3 day

"만군의 여호와께서 함께 계시니 다윗이 점점 강성하여 가니라"(대상 11:9)

"다윗이 온 이스라엘을 다스려 모든 백성에게 정의와 공의를 행할새"(대상 18:14)

M 묵상 ^{Meditation}

왕이 앞장서서 공과 의를 행하는 나라가 다윗이 꿈꾸고 직접 실행한 제사장 나라였습니다. 하나님께서는 다윗 이후의 모든 왕에게 다윗의 길을 가라고 말씀하셨습니다. 하나님께서는 이전에 모세에게 '내 종 모세'라고 직접 언급하셨듯이, 다윗에게도 직접 '내 종 다윗' 이라 부르시며 다윗의 삶의 방식을 기뻐하신 것입니다. 우리 이름 앞에도 하나님께서 직접 '내 종 ○○○'이라고 불러주시기를 소망합니다.

H 하나님의 마음 ^{Heart of God}

본문을 들으며 나의 생각을 잠시 내려놓고 하나님의 마음을 생각해 봅시다.

● 메모

전체 이야기 Whole Story (4분)

지금부터 우리는 계속해서 이어지는 남유다의 역사인 역대하를 들을 것이며, 또한 에스겔을 들을 것입니다. 에스겔은 2차 포로로 바벨론으로 끌려간 남유다의 젊은 제사장이었습니다. 바벨론으로의 1차 포로는 다니엘과 3명의 친구들로 남유다의 천재 청소년들이었고, 2차 포로는 에스겔을 비롯한 1만 명의 남유다 최고의 인재들이었습니다.

바벨론으로 끌려간 남유다 포로 가운데 1차로 먼저 끌려간 포로들은 바벨론 왕궁에서 느부갓네살 왕의 제국 정책인 인재교육 프로그램에 들어갔고, 2차 포로들은 바벨론의 그발 강가에 살면서 바벨론 성의 발전에 이용당하고 있었습니다.

2차 포로들의 불만은 하늘에 닿고 있었습니다. 자신들의 잘못이 아닌 조상들의 잘못으로 바벨론에 포로로 끌려왔다는 생각과 조상들의 잘못이나 그들의 잘못이 어찌했든지 상관없이 하나님께서는 자기들을 지켜주셨어야 했다고 생각했기 때문입니다. 2차 포로들이 바벨론으로 끌려갈 때만 해도 예루살렘이 완전히 멸망하지는 않았을 때입니다. 그래서 2차 포로들은 예레미야의 예언이나, 바벨론 포로들 사이에서 하나님의 뜻을 전하는 에스겔의 예언을 들으려 하지 않았습니다.

때문에 바벨론 포로들을 설득해서 그곳에서 70년간 재교육을 받아 다시 제사장 나라의 사명을 감당하자고 주장하는 에스겔을 통한 하나님의 말씀은 귓등으로 흘

려버리는 말씀이 되고 있었던 것입니다. 그런데 2차 포로들이 바벨론으로 끌려간 지 12년 째 되던 해에 결국 예루살렘이 완전히 멸망합니다. 그러자 그때부터 그들이 에스겔의 말을 듣기 시작합니다. 그래서 이후에 스룹바벨, 에스라, 에스더, 느헤미야와 같은 인물들이 바벨론에서 태어난 것입니다.

하나님의 뜻을 생각하고, 그 뜻대로 살려는 진지한 노력이 얼마나 중요한지를 다시금 생각하며 하나님의 말씀을 계속 듣겠습니다.

성경통독 Bible Tongdok (85.1분)
〈통독성경〉 237-248일 | 대하 18장-겔 20장 | pp.1024-1081 | 1.6배속

237일	역대하 18-22장	여호사밧의 시대
238일	역대하 23-25장	요아스와 여호야다의 개혁
239일	역대하 26-28장	웃시야, 요담, 아하스 시대
240일	역대하 29-31장	히스기야의 개혁정치
241일	역대하 32-33장	히스기야의 회개와 므낫세의 죄악
242일	역대하 34-36장	요시아 시대와 남유다 멸망
243일	에스겔 1-3장	파수꾼으로 세우심
244일	에스겔 4-7장	남유다에 대한 징계와 심판
245일	에스겔 8-11장	예루살렘의 죄악과 심판
246일	에스겔 12-14장	하나님을 배역하는 거짓 선지자들
247일	에스겔 15-17장	하나님을 등진 예루살렘
248일	에스겔 18-20장	심판을 거부하는 이스라엘

A 분석 Analysis

다윗 이후 남유다 왕들의 역사가 계속해서 기록되어 있습니다. 남유다는 분단 200여 년과, 그 이후 북이스라엘이 멸망하고 남유다만 남아서 150여 년간 더 나라를 유지하면서 총 350여 년간 계속해서 다윗의 후손들이 나라를 통치했으며 20명의 왕들이 등장했다가 역사 속으로 사라졌습니다. 역대상·하를 통해 북이스라엘을 제외한 남유다 역사만을 따로 살펴보는 것도 나름대로 중요한 의미가 있습니다.

R 암송 Recitation

"바사의 고레스 왕 원년에 여호와께서 예레미야의 입으로 하신 말씀을 이루시려고 여호와께서 바사의 고레스 왕의 마음을 감동시키시매 그가 온 나라에 공포도 하고 조서도 내려 이르되 바사 왕 고레스가 이같이 말하노니 하늘의 신 여호와께서 세상 만국을 내게 주셨고 나에게 명령하여 유다 예루살렘에 성전을 건축하라 하셨나니 너희 중에 그의 백성된 자는 다 올라갈지어다 너희 하나님 여호와께서 함께 하시기를 원하노라 하였더라"(대하 36:22-23)

M 묵상 Meditation

다윗 이후의 북이스라엘과 남유다의 대부분의 왕들은 하나님께서 기뻐하신 '다윗의 길' 대신 오히려 '여로보암의 길'을 선택해 하나님의 마음을 아프시게 했습니다. 역대기를 통해 믿음의 사람 다윗과 하나님의 마음을 아프시게 했던 여타의 왕들을 다시 살펴봄으로 우리의 나아갈 길을 다시 정립할 필요가 있을 것입니다. 우리에게도 다윗의 길과 여로보암의 길이 있습니다. 어떤 길을 선택해야 할지는 우리의 몫입니다. '나 주님의 기쁨 되기 원하네' 이 찬양이 우리의 고백이 되기를 원합니다.

H 하나님의 마음 Heart of God

본문을 들으며 나의 생각을 잠시 내려놓고 하나님의 마음을 생각해 봅시다.

● 메모

● 통通트랙 3 Tong Tracks – '페르시아 7권' (7분)

바이블 통(通)트랙스 7 가운데 3번째 트랙은 '페르시아 7권' 입니다. 페르시아 7권이라 함은 성경에서 페르시아 제국과 관련된 7권의 책을 일컫습니다. 특히 구약 39권 가운데 7권이 페르시아 제국과 관련 있다는 것은 매우 놀라운 일이 아닐 수 없습니다.

남유다 사람들은 바벨론으로 1,2,3차에 걸쳐 포로로 끌려가 70년간 포로 생활을 했습니다. 그런데 남유다 사람들이 바벨론에서 포로 생활을 하는 가운데 앗수르 제국을 물리친 바벨론 제국이 이번에는 오히려 페르시아 제국에게 멸망했습니다. 그러자 바벨론 제국의 식민지 나라들과 바벨론 포로로 끌려간 사람들은 갑자기 그들의 지배자가 바벨론에서 페르시아로 바뀌게 되었습니다.

이러한 제국의 변동 가운데 숨죽이며 사태의 추이를 지켜보던 남유다를 포함한 바벨론 식민지 국가 백성에게 페르시아 제국의 왕 키루스 2세(고레스 왕)가 조서를 내렸습니다. 그런데 페르시아 제국이 내린 조서의 내용은 놀랍게도 바벨론 포로로 끌려온 사람 가운데 원하는 사람은 누구나 자기 나라로 돌아가도 좋다는 것이었습니다. 그리하여 바벨론에 3차에 걸쳐 포로로 끌려갔던 남유다 사람들이 다시 1,2,3차에 걸쳐 예루살렘으로 귀환하게 된 것입니다.

그렇게 페르시아 제국이 남유다를 지배하게 된 때에 기록된 7권의 책이 바로 다니엘, 에스라, 학개, 스가랴, 에스더, 느헤미야, 말라기이고, 이 7권의 책은 모두 페르시아 제국과 깊은 관련이 있습니다. '페르시아 7권'의 분위기는 '다시 시작하는 제사장 나라를 향한 기대'입니다.

왕정 500년 동안 제사장 나라의 사명을 제대로 완수하지 못한 이스라엘에게 하나님께서는 바벨론에서의 70년간의 재교육을 통해 더 이상 왕정이 아닌, 아브라함과의 언약으로부터 그 오랜 시간 기다려오신 하나님의 꿈이셨던 제사장 나라의 꿈을 다시 꾸게 하신 것입니다.

당시 남유다는 바벨론 포로 생활을 끝내고 예루살렘으로 귀환하기는 했으나, 여전히 나라의 주권이 없는 남의 나라의 식민지였으며 페르시아 제국 총독의 지배를 받았습니다. 그러나 페르시아는 정치적으로는 남유다를 통치했지만, 종교적으로는 자유를 주었기 때문에 바벨론에서 예루살렘으로 돌아온 귀환공동체는 다시금 제사장 나라의 꿈을 꿀 수 있었던 것입니다. 귀환공동체는 바벨론 제국에 의해 불타버린 예루살렘 성전을 다시 재건하며, 그 성전을 중심으로 새롭게 제사장 나라를 꿈꾸기 시작했습니다.

W 전체 이야기 Whole Story (4분)

우리는 계속해서 에스겔을 들을 것이며, 이어서 다니엘을 만날 것입니다. 하나님께서는 에스겔 선지자를 통해 다시 회복하실 예루살렘 성전을 보여주십니다. 그리고 마른 뼈 골짜기의 환상을 통해 남유다 백성의 미래와 예루살렘 성전 재건, 그들을 통해 다시 시작할 제사장 나라의 비전을 보여주십니다.

다니엘은 그의 당대에 앗수르 제국과 바벨론 제국의 흥망성쇠를 모두 목도했습니다. 그리고 느부갓네살 왕의 꿈을 해석하면서 앞으로 등장하게 될 제국들(페르시아, 헬라, 로마)을 미리 보았습니다. 때문에 다니엘은 바벨론 제국의 무력 앞에 무릎 끓지 않았으며, 살아계신 하나님의 세계경영이 무엇인지 정확하게 알고 그의 믿음을 지키며 살았던 것입니다.

다니엘은 영성과 사회성을 겸비한 행정가이자, 동시에 선지자였습니다. 이것은 실로 시사한 바가 매우 큽니다. 오늘날 그리스도인들의 삶이 어떠해야 하는지 참으로 좋은 모델이 되고 있기 때문입니다.

하나님의 말씀을 깊이 연구하고 늘 기도하면서, 동시에 자신이 맡은 사회적 직무를 소홀히 하지 않고 인정받는 실력 있는 건강한 사회인이 바로 다니엘입니다. 다니엘서를 통해 하나님께서 어떤 사람을 들어 사용하시는지, 그리고 사회는 어떤 사람을 필요로 하는지 잘 살펴봅시다.

성경통독 Bible Tongdok **(96.4분)**
〈통독성경〉 249-263일 | 겔 21장-단 9장 |
pp.1082-1145 | 1.6배속

249일	에스겔 21-22장	심판받는 이스라엘
250일	에스겔 23-24장	사마리아와 예루살렘에 임한 심판
251일	에스겔 25-28장	이스라엘 주변 민족에 대한 심판
252일	에스겔 29-32장	애굽에 대한 심판
253일	에스겔 33-35장	예루살렘 함락
254일	에스겔 36-37장	다시 회복될 이스라엘
255일	에스겔 38-39장	침략자 곡에 대한 심판과 멸망
256일	에스겔 40-41장	환상 중에 본 새 예루살렘
257일	에스겔 42-43장	하나님의 본 뜻
258일	에스겔 44-46장	여호와의 영광으로 가득 찬 성전

🅰 분석 Analysis

25세의 젊은 제사장 에스겔이 남유다의 유능한 인재들 1만 명과 함께 2차 포로(B.C.598)로 바벨론에 끌려갔습니다. 에스겔에게 맡겨진 사명은 바벨론으로 끌려간 남유다 포로들에게 제사장 나라의 사명을 다시 교육시키는 일이었습니다. 예루살렘에서는 예레미야가 편지로, 바벨론에서는 에스겔이 온몸으로 하나님께서 맡겨주신 사명에 충실합니다. 그래서 이후 바벨론 제국이 멸망하고 페르시아 제국이 등장했을 때 남유다는 스룹바벨, 에스더, 에스라, 학개, 스가랴, 느헤미야와 같은 인재들을 배출한 것입니다. 그리고 에스겔보다 먼저 바벨론 1차 포로(B.C.605)로 끌려간 다니엘의 행적이 성경에 기록되어 있습니다.

🅱 암송 Recitation

"내 백성들아 내가 너희 무덤을 열고 너희로 거기에서 나오게 한즉 너희는 내가 여호와인 줄을 알리라 내가 또 내 영을 너희 속에 두어 너희가 살아나게 하고 내가 또 너희를 너희 고국 땅에 두리니 나 여호와가 이 일을 말하고 이룬 줄을 너희가 알리라 여호와의 말씀이 니라"(겔 37:13-14)

Ⓜ 묵상 Meditation

다니엘과 에스겔은 남유다의 멸망으로 말미암아 조국을 떠나 바벨론 포로로 끌려가 그곳에서 하나님의 사람으로 살았던 믿음의 사람들입니다. 당시 바벨론 포로로 끌려갔던 대부분의 남유다 사람들은 자신들의 잘못에 대해 반성하기보다는, 오히려 하나님을 원망하고 조상들의 죄를 뒤집어썼다고 억울해 하고 있었습니다. 70년간 하나님께서 주신 징벌을 달게 받고 다시 제사장 나라를 회복해야 하는 중요한 시기인데도 불구하고 말입니다. 그러한 시대에 한 여름 얼음냉수같이 하나님의 마음을 시원하게 해드리는 사람이 다니엘과 에스 겔이었다면, 오늘은 바로 우리들이었으면 합니다.

🔲 하나님의 마음 Heart of God

본문을 들으며 나의 생각을 잠시 내려놓고 하나님의 마음을 생각해 봅시다.

● 메모

진행률 ▬▬▬▬▬▬▬▬▬▬▬▬▬▬▬ 78.2%

W 전체 이야기 Whole Story (4분)

이제 구약의 막바지를 향해 달려가고 있습니다. 남유다 사람들은 3차에 걸쳐 바벨론 포로로 끌려갔는데, 귀환할 때에도 3번에 걸쳐 귀환했습니다. 첫 번째 귀환은 페르시아 제국이 남유다의 총독으로 임명한 남유다 출신 스룹바벨의 인도로 이루어졌습니다.

첫 번째 귀환자들은 참으로 대단한 사람들이라 할 수 있습니다. 남유다 백성들은 지난 70년간 바벨론에 살면서 그곳에서 삶의 터전을 잡고 살았습니다. 그런데 그 삶의 터전을 모두 다 버리고 황폐한 예루살렘으로 돌아오는 것이 생각보다 쉬운 일은 아니었을 것입니다.

하지만 그들은 예루살렘을 다시 회복시킬 꿈을 가지고 바벨론에서의 삶의 근거지를 두고 다시 귀환한 것입니다. 예루살렘은 지난 70년 전 전쟁의 상흔이 그대로 남아 있는 황폐하기 이를 데 없는 곳이었습니다. 그들은 다시 뭉쳐 예루살렘을 재건해가기 시작했습니다.

그들은 먼저 불타버린 예루살렘 성전을 재건하려 했습니다. 그런데 그 사이에 예루살렘에 살고 있었던 사람들과 사마리아인들이 성전 건축을 방해했고, 안타깝게도 성전 건축이 자그마치 16년간이나 중단되었습니다. 그래서 성전 건축을 다시 독려하기 위해 하나님께서는 학개와 스가랴 선지자를 보내셔서 그들의 마음을 움

직이십니다.

그 후 2차 귀환이 이루어집니다. 2차 귀환은 학사 에스라의 인도로 이루어졌으며, 3차 귀환은 총독 느헤미야가 귀환의 지도자가 되었습니다. 특히 느헤미야는 무너진 성벽을 재건함으로 예루살렘을 사람이 살 만한 안전한 곳으로 만드는 중요한 일을 감당했습니다.

에스라와 느헤미야는 힘을 합해 귀환공동체가 성전이나 성벽 재건을 하는 것을 넘어 하나님의 말씀으로 다시 세워지게 하는 일을 해냈습니다. 초막절을 지키며 온 백성이 하나님의 말씀을 듣고, 그 말씀의 내용을 학사 에스라의 설명을 통해 이해할 수 있도록 도와준 것입니다. 하나님의 말씀을 듣고, 그 말씀의 내용이 무엇인지 정확하게 배우게 되자, 모든 백성이 울었다고 성경은 증언하고 있습니다. 하나님을 알면 그 사랑에 어떻게 울지 않을 수 있겠습니까?

그리고 1차 귀환과 2차 귀환 사이에 페르시아에서 일어났던 일이 바로 에스더서입니다. 그래서 우리는 역사순으로 다니엘, 학개, 스가랴, 에스라, 에스더, 느헤미야, 말라기 순으로 성경을 들을 것입니다. (에스라는 역사순으로 듣기 위해 다소 번거롭더라도 책 사이사이에 역사순으로 정리해서 듣습니다.)

이것은 역사순 《1년1독 통독성경》의 백미(白眉)라 할 수 있습니다. 역사순이 아닌 주제별 성경의 순서대로 성경을 본다면, 예레미야보다 150년 후대의 사람인 느헤미야를 예레미야보다 훨씬 먼저 만나게 되기 때문입니다.

구약 후반부를 통해 하나님께서 우리에게 들려주시는 말씀을 계속해서 듣겠습니다. 하나님의 말씀에 귀 기울이십시오.

성경통독 ^{Bible Tongdok} (105.9분)

《통독성경》 264-280일 | 단 10장-말 4장 | pp.1145-1213 | 1.6배속

 분석 ^{Analysis}

바벨론으로 끌려갔던 남유다 사람들은 그곳에서 제국의 변동을 직접 목도했습니다. 대제국 바벨론이 하루 아침에 멸망하고, 새로운 제국의 주인으로 페르시아가 역사에 등장한 것입니다. 페르시아 제국은 바벨론 제국의 통치방식과 달리 지방화정책을 펼치면서 바벨론이 각국에서 끌어온 포로들을 그들 고국으로 다시 돌려보내기 시작했습니다. 그 시기가 예레미야가 예언한 대로 바벨론으로 끌려간 지 70년이 된 때였던 것입니다. 때문에 구약 후반부 7권은 페르시아 제국과 깊은 관련이 있다고 할 수 있습니다.

암송 Recitation

"바사 왕 고레스 원년에 여호와께서 예레미야의 입을 통하여 하신 말씀을 이루게 하시려고 바사 왕 고레스의 마음을 감동시키시매 그가 온 나라에 공포도 하고 조서도 내려 이르되 바사 왕 고레스는 말하노니 하늘의 하나님 여호와께서 세상 모든 나라를 내게 주셨고 나에게 명령하사 유다 예루살렘에 성전을 건축하라 하셨나니 이스라엘의 하나님은 참 신이시라 너희 중에 그의 백성 된 자는 다 유다 예루살렘으로 올라가서 이스라엘의 하나님 여호와의 성전을 건축하라 그는 예루살렘에 계신 하나님이시라 그 남아 있는 백성이 어느 곳에 머물러 살든지 그 곳 사람들이 마땅히 은과 금과 그 밖의 물건과 짐승으로 도와 주고 그 외에도 예루살렘에 세울 하나님의 성전을 위하여 예물을 기쁘게 드릴지니라 하였더라"
(스 1:1-4)

묵상 Meditation

구약시대가 끝이 나고 있습니다. 그런데 구약의 끝이 쓸쓸하기 이를 데 없습니다. 페르시아에서 돌아온 귀환공동체가 처음에는 제사장 나라를 회복하기 위한 노력을 열심히 하는 것 같았는데, 시간이 지날수록 하나님에 대한 믿음이 약해지면서 신앙의 열정이 식어갔기 때문입니다. 더 이상 우상숭배를 하지 않았지만, 하나님께 예배드리는 일을 형식적으로 할 뿐 아니라 하나님과의 관계조차 별 관심이 없어진 것입니다. 심지어 하나님께 이스라엘을 언제 어떻게 사랑하셨느냐고 반문할 정도까지 가고 말았습니다. 그러자 하나님께서 말라기 이후 400년간 침묵하십니다. 하나님을 기쁘시게 하는 것은 하나님께서 우리에게 선물로 주신 하나님의 말씀인 성경을 듣고 읽고 만나면서 그 말씀대로 살아가는 것입니다.

하나님의 마음 Heart of God

본문을 들으며 나의 생각을 잠시 내려놓고 하나님의 마음을 생각해 봅시다.

● 메모

3 day 22	시간	pm.8:50~pm.10:30	총 소요 시간	97.3분
	통독 범위	마태복음 1장~마가복음 3장 (281~290일)		

진행률   82%

● 통通트랙 4 Tong Tracks – '중간사 400년' (7분)

바이블 통(通)트랙스 7 가운데 4번째 트랙은 '신구약 중간사' 400년입니다. 신구약 중간사는 성경에 문서로 드러나 있지 않기 때문에 잘 모르는 경우가 많습니다. 그러나 누구나 확인할 수 있는 내용은 구약의 마지막 책인 말라기는 페르시아 제국에서 끝이 나는데, 신약의 첫 번째 책인 마태복음에서는 너무나도 자연스럽게 로마 제국이 유대를 지배하고 있다는 것입니다.

그렇다면 최소한 우리가 상상할 수 있는 것은 바벨론 제국을 멸망하게 한 페르시아 제국도 결국 멸망했다는 것과 신약시대에 들어와서는 새로운 제국으로 로마가 등장해 있다는 것입니다. 때문에 우리는 어떻게 페르시아 제국이 멸망했는지, 어떻게 로마 제국이 역사에 등장하게 되었는지, 그리고 페르시아 제국과 로마 제국 사이에 또 다른 제국은 없었는지가 궁금해집니다.

말라기에서 마태복음으로 책장을 넘기는 데는 1초가 채 걸리지 않습니다. 그러나 그 사이에는 400년의 시간이 들어 있습니다. 세계역사를 통해서 알 수 있는 것은 그 400년 사이에 황금의 제국이라 불리었던 페르시아 제국이 알렉산드로스(알렉산더)가 세운 헬라 제국에게 멸망했고, 260년을 유지하던 헬라 제국도 결국 로마 제국에게 멸망했다는 것입니다.

신약의 첫 번째 책인 마태복음에는 로마 제국의 황제와 총독, 그리고 분봉 왕 헤롯이 등장하며, 구약에서는 볼 수 없었던 사두개파와 바리새파 그리고 에세네파와 열심당과 같은 분파들이 나옵니다. 이는 신구약 중간사를 연구하지 않으면 이해하기가 쉽지 않습니다.

신구약 중간사를 통해서 알 수 있는 것은 페르시아 제국을 멸망시킨 헬라 제국의 프톨레미 왕조(이집트 헬라 제국)가 유대를 통치하던 때에는 히브리어 성경이 헬라어로 번역되면서 구약성경이 헬라 제국 전체로 퍼져 나갔다는 것입니다. 그 성경이 바로 70인역(LXX)입니다. 그리고 헬라 제국의 셀루커스 왕조(시리아 헬라 제국)가 유대를 통치할 때에는 헬라화를 기화로 유대의 분파들이 생겨났음을 알 수 있습니다.

다시 말해 신구약 중간사를 알기 위해서는 페르시아 제국 후반부와 헬라 제국 260년의 역사, 그리고 로마 제국의 등장과 그 당시 유대의 상황을 이해해야 합니다. 그러므로 신구약 중간사 400년을 살펴보면, 신구약 중간사의 분위기는 '구약성경의 세계화와 유대분파의 형성'인 것을 알 수 있습니다.

● **통通트랙 5** Tong Tracks – '4복음서' (7분)

바이블 통(通)트랙스 7 가운데 트랙 5는 '4복음서'입니다. '4복음서'는 4명의 성경 기자인 마태, 마가, 누가, 요한이 예수님에 대해 쓴 책입니다. 성경은 요약과 압축의 책입니다. 그런데 성경 66권 가운데 예수님에 대해서 4권이나 기록되었다는 것은 예수님에 관한 이야기가 그만큼 중요하다는 것입니다.

'4복음서'를 통해서 우리는 예수님에 대해 알 수 있습니다. 마태가 우리에게 소개해주는 예수님 탄생은 '기쁨을 위한 탄생'입니다. 마가는 예수님의 사역을 '한 영혼 사랑'으로 표현했습니다. 누가는 예수님의 열정을 다름 아닌 '용서를 향한 열정'이라 정의했습니다. 그리고 요한은 예수님의 십자가와 부활을 '영광과 평화로의 초대' 라고 우리에게 소개하고 있습니다. 우리는 예수님을 더 알기 원합니다. 그런데 예수님을 더 알 수 있는 가장 좋은 방법은 바로 4복음서를 듣는 것입니다.

구약의 키워드(Key Word)는 '제사장 나라' 였습니다. 그렇다면 신약의 키워드(Key Word)는 무엇일까요? 신약의 키워드(Key Word)는 제사장 나라를 그 안에 수렴하고 있는 '하나님 나라' 입니다. 예수님께서는 이 땅에 계시는 동안 하나님 나라를 우리에게 알려주시기 위해 무던히 애를 쓰셨습니다.

예수님께서는 하나님 나라를 쉽게 설명해주시려고 농부에게는 씨 뿌리는 비유, 어부에게는 고기 잡는 비유, 주부에게는 누룩 비유, 장사하는 사람을 위해서는 달란트 비유를 사용하셨습니다. 예수님께서 그토록 하나님 나라를 알려주기 위해 애쓰셨던 이유는 우리가 하나님 나라를 꿈꾸는 인생이 되기를 원하셨기 때문입니다. 이를 통해 알 수 있듯이 4복음서의 분위기는 '하나님 나라의 Set-up' 이라 할 수 있습니다.

W 전체 이야기 Whole Story (4분)

이제부터 우리는 신약을 들을 것입니다. 먼저 예수님의 12제자 가운데 한 명이었던 마태가 기록한 예수님에 대한 이야기를 만날 것입니다. 마태는 유대인임에도 불구하고 동족 유대인들이 가장 증오하고 멸시하는 세리라는 직업을 택해 로마 제국에 빌붙어 살던 사람이었습니다. 그런데 놀랍게도 그러한 마태에게 예수님께서 직접 찾아오셔서 제자가 되라고 말씀하셨던 것입니다.

그래서 세리 출신 마태가 예수님의 제자가 된 것입니다. 마태는 모든 것을 버리고 3년간 예수님을 따르며 예수님께로부터 하나님 나라에 대해 배웠습니다. 그리고 예수님께서 사람 사랑하시는 것을 3년간 직접 목도하고, 마지막에는 사람들을 위해 당신의 목숨까지 내어주시는 것을 보았습니다. 그 후에 많은 사람들은 예수님께서 하나님의 아들이셨음을 알게 되었습니다.

마태는 예수님을 가장 가까이에서 따랐던 제자로서 예수님에 대해 자신이 직접 증언하는 것이 좋겠다고 생각했습니다. 그래서 마태가 붓을 든 것입니다. 마태는 유대인들에게 예수님을 소개하기 위해 유대인들이 가장 잘 알고 유대인들에게 가장 잘 통하는 방식인 이스라엘의 족보를 가지고 예수님을 소개하기 시작했습니다.

예수님이 바로 아브라함과 다윗의 후손이라고 소개한 것입니다. 그리고 예수님께서 가르쳐주신 하나님 나라에 대해서 자세하게 기록으로 남겨 유대인뿐 아니라 세상 모든 사람들이 예수님께서 행하셨던 일을 다 알게 했습니다.

마태복음을 들으면서 우리는 예수님에 대해 더 많이, 그리고 더 자세히 알게 될 것입니다. 그리고 예수님께서 우리를 얼마나 사랑하셨는지 온몸으로 느끼게 될 것입니다.

성경통독 Bible Tongdok (76.3분)
〈통독성경〉 281-290일 | 마 1장-막 3장 | pp.1-53 | 1.6배속

281일	마태복음 1-4장	약속의 결정체, 예수
282일	마태복음 5-7장	산상수훈
283일	마태복음 8-10장	예수의 이적과 열두 제자 선택
284일	마태복음 11-13장	하늘 비밀을 담은 일곱 가지 천국 비유
285일	마태복음 14-16장	예수의 갈릴리 사역
286일	마태복음 17-20장	예루살렘을 향한 여정

🅰 분석 Analysis

말라기에서 마태복음 사이의 400년간의 하나님의 침묵이 끝이 나고, 하나님께서 다시 인생들에게 말씀하시기 시작하셨습니다. 하나님의 독생자 예수 그리스도께서 직접 이 땅에 내려오신 것입니다. 그리고 예수 그리스도는 하나님 나라를 가르쳐주셨습니다. 예수님께서 가르쳐주신 '하나님 나라'는 제사장 나라를 수렴하고 있습니다. '하나님 나라'는 첫째, 한 영혼이 천하보다 소중한 나라입니다. 둘째, 하나님을 아버지라 부르는 나라입니다. 셋째, 예수 그리스도의 십자가로 완성된 나라입니다.

🅱 암송 Recitation

"심령이 가난한 자는 복이 있나니 천국이 그들의 것임이요 애통하는 자는 복이 있나니 그들이 위로를 받을 것임이요 온유한 자는 복이 있나니 그들이 땅을 기업으로 받을 것임이요 의에 주리고 목마른 자는 복이 있나니 그들이 배부를 것임이요 긍휼히 여기는 자는 복이 있나니 그들이 긍휼히 여김을 받을 것임이요 마음이 청결한 자는 복이 있나니 그들이 하나님을 볼 것임이요 화평하게 하는 자는 복이 있나니 그들이 하나님의 아들이라 일컬음을 받을 것임이요 의를 위하여 박해를 받은 자는 복이 있나니 천국이 그들의 것임이라 나로 말미암아 너희를 욕하고 박해하고 거짓으로 너희를 거슬러 모든 악한 말을 할 때에는 너희에게 복이 있나니 기뻐하고 즐거워하라 하늘에서 너희의 상이 큼이라 너희 전에 있던 선지자들도 이같이 박해하였느니라"(마 5:3-12)

Ⓜ 묵상 Meditation

예수 그리스도께서 십자가 위에서 우리의 죄를 대신해 하나님의 어린 양이 되어 주심으로 우리가 나음을 입어 하나님의 자녀가 되는 권세를 얻게 되었습니다. 나 같은 죄인을 살리기 위해 높고 높은 하늘 보좌를 버리시고 이 땅에 내려오신 주님께 무어라 감사를 드려야 그 감사가 다 표현될 수 있겠습니까? '예수' 그 이름을 오늘 다시 깊이 생각해 봅시다.

🅷 하나님의 마음 Heart of God
본문을 들으며 나의 생각을 잠시 내려놓고 하나님의 마음을 생각해 봅시다.

● 기도회 (3분)
다 함께 통성기도 후, 주기도문으로 마칩니다.

● 메모

4 day

	시간	⟨1년1독 통독성경⟩ 범위	트랙설명	내용설명	통독	총 시간
23	am.6:30~8:00	찬양, 기도 : 3분				90.6분
		291~303일(막 4장~눅 18장)	∙	4분	83.6분	
	8:00~8:50	아침식사				
24	8:50~10:20	304~317일(눅 19장~행 5장)	트랙6−사도행전 30년 : 7분	4분	79분	90분
	10:20~10:30	휴식시간				
25	10:30~12:00	318~332일(행 6장~고후 4장)	∙	4분	84.3분	88.3분
	pm.12:00~12:50	점심식사				
26	12:50~2:20	333~348일(고후 5장~딤전 6장)	∙	4분	88.9분	92.9분
	2:20~2:30	휴식시간				
27	2:30~4:20	349~365일(딛 1장~계 22장)	트랙7−공동서신 9권 : 7분	4분	90.1분	104.1분
		기도회 : 3분				

4 day 23	시간	am.6:30~am.8:00	총 소요 시간	90.6분
	통독 범위	마가복음 4장~누가복음 18장 (291~303일)		

진행률 ▓▓▓▓▓▓▓▓▓▓▓▓▓▓▓▓▓ 85.5%

● **시작 기도** Prayer **(1분)** – 다 같이

하나님 아버지,

아버지의 크신 은혜에 감사합니다.

지난 3일 동안 우리를 눈동자와 같이 지켜주시고

하나님 아버지의 보호 아래

하나님의 말씀을 들을 수 있도록 은혜 내려주심을 감사합니다.

지난밤도 하나님의 보호하심 아래

평안히 잘 쉼으로 다시금 새 힘을 얻었습니다.

오늘도 하나님의 영광을 꿈꾸는 날이 되게 하소서.

말씀이 꿀송이보다 달고 귀하다는 사실을 알게 하시고

그것이 진정한 나의 고백이 되게 해주소서.

이른 아침 하나님의 말씀으로 새 날을 시작합니다.

오늘 하루도 일용한 양식을 주시어

하나님께서 주시는 힘으로 성실하게 살아가게 하소서.

존귀하신 예수 그리스도의 이름으로 기도합니다.

아멘.

● **찬송** ^{Praise} (2분) – '구원으로 인도하는'

W 전체 이야기 ^{Whole Story} (4분)

이렇게 하나님의 말씀에 집중하며 3박 4일, 48시간 동안 성경을 들을 수 있는 귀한 기회를 주신 하나님께 감사합니다. 드디어 **48시간 역사순 성경 듣기**의 마지막 날을 맞이하게 되었습니다. 얼마나 기쁘고 감사한지 모르겠습니다. 지금 우리가 느끼는 이 놀라운 기쁨은 모세가 하나님의 말씀을 받았을 때 느꼈던 기쁨을 조금이라도 이해할 수 있는 기회가 될 것입니다. 하나님의 말씀으로 느끼는 진정한 행복 말입니다.

오늘도 힘내서 마치는 시간까지 최선을 다해 하나님의 말씀에 집중합시다. 그리하여 말씀 속에서 하나님의 뜻을 발견하고, 하나님의 뜻대로 사는 인생을 꿈꿉시다.

오늘은 마가복음과 누가복음으로 하루를 시작하겠습니다. 마가는 예수님을 직접 만나본 적은 없었습니다. 그러나 마가는 그의 삼촌 바나바와 사도 바울에게 예수님에 대해 배워 예수님을 알게 된 사람입니다. 믿음은 들음에서 난다는 증인이 바로 마가입니다.

마가는 그의 삼촌 바나바와 사도 바울과 함께 1차 전도여행에 나설 만큼 열정이 있었던 청년이었습니다. 그러나 전도여행이 생각 이상으로 너무 힘이 들자 마가는 중간에 전도여행을 포기하고 귀가했습니다. 그 후 2차 전도여행을 앞두고 마가의 삼촌 바나바는 마가에게 기회를 한 번 더 주자고 주장했고, 사도 바울은 단호하게 이를 거절함으로 전도 팀이 둘로 갈라지는 결과를 초래했습니다.

사도행전은 누가의 기록이기 때문에 2차 전도여행 중간에 합류하게 된 누가가 사도 바울 중심으로 사도행전을 기록함으로, 사도행전에는 안타깝게 바나바와 마가의 전도 기록이 빠져있습니다. 그러나 바나바와 마가가 사도 바울의 전도 팀 못지않게 아름다운 사역을 감당했음은 의심할 여지가 없습니다. 이것은 후에 사도 바울이 "마가를 데리고 오라 그가 나의 일에 유익하니라"(딤후 4:11)라고 디모데에게 쓴 편지로 충분히 미루어 짐작할 수 있습니다.

마가가 전한 예수님에 대한 증언은 당대는 물론이거니와 역사를 통해 수많은 그리스도인을 만들었습니다. 마가가 전해준 예수님 이야기를 듣고, 계속해서 누가가 기록한 예수님에 대해 듣겠습니다.

성경통독 Bible Tongdok (83.6분)
〈통독성경〉 291-303일 | 막 4장-눅 18장 | pp.53-117 | 1.7배속

291일	마가복음 4-6장	예수의 이적과 가르침 1
292일	마가복음 7-8장	예수의 이적과 가르침 2
293일	마가복음 9-10장	변화산 사건과 예수의 가르침
294일	마가복음 11-13장	예수의 예루살렘 입성과 대결
295일	마가복음 14-16장	최후의 만찬과 십자가 사역
296일	누가복음 1-2장	세례 요한 탄생
297일	누가복음 3-4장	구원 사역을 위한 기초
298일	누가복음 5-6장	훈련과 동행
299일	누가복음 7-8장	예수의 치유와 가르침
300일	누가복음 9-10장	약한 자의 이웃
301일	누가복음 11-13장	예수의 가르침과 이적
302일	누가복음 14-16장	한 영혼 사랑에 대한 예수의 가르침
303일	누가복음 17-18장	예수의 치유와 교훈

![A] 분석 ^{Analysis}

마태에 이어 마가와 누가 또한 예수님의 행적에 증인이 되고 있습니다. 성경은 '압축과 요약의 책' 임에도 불구하고 예수님에 대한 기록이 성경 66권 가운데 4권이나 되는 것은 예수님에 대한 이야기가 그만큼 중요하기 때문입니다. 그런데 놀랍게도 4복음서에 나타난 예수님의 행적은 모두 사람 사랑 이야기입니다. 한 생명을 천하보다 소중하게 여겨주신 예수님의 사람 사랑 이야기가 4복음서에서 가장 중요한 내용인 것입니다.

![R] 암송 ^{Recitation}

"주의 성령이 내게 임하셨으니 이는 가난한 자에게 복음을 전하게 하시려고 내게 기름을 부으시고 나를 보내사 포로 된 자에게 자유를, 눈 먼 자에게 다시 보게 함을 전파하며 눌린 자를 자유롭게 하고 주의 은혜의 해를 전파하게 하려 하심이라 하였더라"(눅 4:18-19)

![M] 묵상 ^{Meditation}

우리는 천하의 가치를 모릅니다. 온 세상 천하의 가치를 아시는 분은 오로지 온 우주만물을 창조하신 하나님뿐이십니다. 그런데 그 하나님의 독생자 예수 그리스도께서 한 영혼이 천하보다 귀하다고 말씀하신 것입니다. 사람에 대해 이보다 더 귀한 평가가 세상에 또 어디 있겠습니까? 우리 주변에 모든 사람, 그들 한 생명이 모두 소중합니다. 예수님께서 그렇게 말씀하셨기 때문입니다. 우리는 사랑의 주님을 닮아 하나님을 사랑하고, 또 이웃을 사랑하며 살아야 할 것입니다.

![H] 하나님의 마음 ^{Heart of God}

본문을 들으며 나의 생각을 잠시 내려놓고 하나님의 마음을 생각해 봅시다.

● 메모

4 day	시간	am.8:50~am.10:20	총 소요 시간	90분
24	통독 범위	누가복음 19장~사도행전 5장 (304~317일)		

진행률   89%

● 통通트랙 6 ^{Tong Tracks} – '사도행전 30년' (7분)

바이블 통(通)트랙스 7 가운데 6번째 트랙은 '사도행전 30년'입니다. 구약의 왕정이 500년 역사라면, 신약의 사도들이 지나온 역사는 30년이라는 것입니다. 다시 말해 사도행전은 신약의 역사서입니다. 사도행전은 예수님의 부활 승천 사건 이후 예수님의 제자들이 사도가 되어 예루살렘과 온 유대와 사마리아와 땅끝까지 하나님 나라의 복음을 전한 이야기입니다.

예수님의 제자들은 예수님께서 잡히시고 고난당하시고 십자가에서 돌아가실 때에 요한 외에는 다들 두려워 떨며 도망한 사람들입니다. 이것은 그들이 단지 비겁해서가 아니라, 로마 제국과 예루살렘 성전의 대제사장 세력이 그만큼 무서운 힘을 가지고 있었다는 증거입니다.

그런데 예수님의 제자들이 부활하신 예수님을 만나고, 예수님께서 말씀하신 보혜사 성령을 체험하자 그들이 바뀌었습니다. 베드로와 요한이 대제사장들 앞에서 당당히 "너희는 알라"라고 말하면서, 십자가에서 죽으시고 부활하시고 승천하신 예수님이 하나님의 아들이심을 당당히 증거하기 시작한 것입니다.

예수님께서 십자가 위에서 말씀하신 "다 이루었다."라는 그 말씀과 함께 예루살렘 성전의 휘장이 찢기며 예루살렘 성전의 기능이 다했는데도 이를 인정하지 않는 대제사장들은 그때부터 30년 동안 사도들의 복음 전파를 줄기차게 방해했습니다.

그 방해를 뚫고 사도들은 땅끝까지 복음을 전한 것입니다. 때문에 '사도행전 30년'의 분위기는 '대제사장들과 사도들의 대립 속에서 예루살렘으로부터 땅끝까지 하나님 나라의 복음이 전파'되는 것입니다.

W 전체 이야기 Whole Story (4분)

이제 우리는 누가복음 후반부와 요한복음, 그리고 사도행전을 들을 것입니다. 이렇게 풍성한 복음의 이야기를 듣고 읽을 수 있어서 얼마나 복되고 기쁜지 모르겠습니다. 누가복음과 사도행전은 모두 역사가이자 의사인 헬라 사람 누가의 작품입니다.

그것도 데오빌로라는 한 사람에게 예수님과 사도들의 복음에 대한 열정을 알려주기 위해 기록한 편지 형식으로 말입니다. 누군가 한 사람을 위해 이렇게 긴 복음편지를 쓴다는 것은 실로 놀라운 일이 아닐 수 없습니다. 그 복음편지가 오늘 성경에 기록되어 우리도 만날 수 있게 된 것입니다. 참으로 감격스럽습니다.

요한복음은 마태복음과 마찬가지로 예수님의 제자가 예수님에 대해 증언한 기록입니다. 요한은 예수님의 12제자 가운데 나이가 가장 어린 제자였습니다. 그래서 예수님께 가장 많은 사랑을 받은 것 같습니다. 요한복음에서 요한은 자신을 '예수께서 사랑하시는 그 제자'(요 21:20)라고 기록하면서 자신이 예수님께 받은 많은 사랑을 감격스럽게 표현하고 있습니다.

그 요한이 나이 많아져 초기교회의 책임을 맡아 일하면서 예수님에 대해 기록한 책이 바로 요한복음입니다. 요한은 요한복음에서 그의 삶 전체를 통해 느낀 바를 가장 간명하게 정의해 놓았습니다. 바로 '하나님은 사랑이시다'입니다. 진정으로 예수 그리스도를 알게 되면, 하나님이 사랑이심을 알게 됩니다.

요한이 느낀 예수님과 하나님의 그 크고 아름다운 사랑을 우리도 느끼는 시간이 되었으면 좋겠습니다.

성경통독 Bible Tongdok (79분)
〈통독성경〉 304-317일 | 눅 19장-행 5장 | pp.117-180 | 1.7배속

304일	누가복음 19-20장	약자를 위한 배려
305일	누가복음 21-22장	최후의 만찬
306일	누가복음 23-24장	영광과 평화로의 초대
307일	요한복음 1-3장	들러리의 기쁨
308일	요한복음 4-6장	영원한 생명수이신 예수
309일	요한복음 7-8장	죄인을 감싸주시는 예수
310일	요한복음 9-11장	선한 목자이신 예수
311일	요한복음 12-13장	새 계명을 주심
312일	요한복음 14-15장	예수의 고별 설교
313일	요한복음 16-17장	제자들을 위한 예수의 기도
314일	요한복음 18-19장	예수의 십자가 사역
315일	요한복음 20-21장	부활하신 주님을 만난 제자들
316일	사도행전 1-2장	증인이 된 제자들
317일	사도행전 3-5장	세워지는 초기교회

분석 Analysis

누가복음과 사도행전은 사도 바울의 동역자이자, 동시에 헬라 출신 역사가이자 의사인 누가가 기록한 두 통의 편지입니다. 수신자는 로마 제국에서 상당한 권력을 가진 각하의 칭호로 불리는 데오빌로라는 사람입니다. 누가는 데오빌로에게 누가복음을 통해서는 예수님에 대해 소개하고, 사도행전에서는 초기 기독교의 역사에 대해 소개하고 있습니다. 사도행전은 사도들의 행적을 자세하게 기록한 것으로 초기 기독교의 역사에 대해 가장 귀한 자료를 제공하고 있습니다.

◪ 암송 Recitation

"오직 성령이 너희에게 임하시면 너희가 권능을 받고 예루살렘과 온 유대와 사마리아와 땅 끝까지 이르러 내 증인이 되리라 하시니라"(행 1:8)

Ⓜ 묵상 Meditation

누가와 같이 복음에 대한 열정으로 최선을 다해 예수님을 소개하는 일은 오늘날 우리도 본받아야 할 정말 중요한 일입니다. 우리는 누가복음과 사도행전을 다 읽는 것만으로 벅찬데 누가는 그것을 한 자 한 자 손으로 기록하여 데오빌로에게 써 보냈을 뿐 아니라, 오늘 우리에게까지 전하고 있습니다. 누가처럼 예수 그리스도를 누군가에게 전하는 일이 바로 전도이고 선교입니다. 그 소중한 일에 오늘 나도 함께 참여할 수 있으니 얼마나 감사한지 모르겠습니다.

◨ 하나님의 마음 Heart of God

본문을 들으며 나의 생각을 잠시 내려놓고 하나님의 마음을 생각해 봅시다.

● 메모

4 day	시간	am.10:30~pm.12:00	총 소요 시간	88.3분
25	통독 범위	사도행전 6장~고린도후서 4장 (318~332일)		

진행률   92.4%

W 전체 이야기 Whole Story (4분)

이제부터 사도행전을 들으면서 동시에 각각 그 시대에 기록된 바울의 서신서들을 만나보겠습니다. 사도행전을 처음부터 끝까지 한꺼번에 다 듣고 난 후에 서신서들을 들어도 큰 은혜가 되지만, 사도 바울이 어떤 상황과 배경하에서 서신서들을 기록했는지를 살피면서 사도행전과 함께 서신서들을 듣는 것도 성경을 이해하는 데 큰 도움이 될 것입니다.

그리고 서신서들이 어떤 배경하에 쓰였는지를 알게 되면, 사도 바울의 복음에 대한 열정과 성도 사랑이 얼마나 깊고 컸는지를 더 잘 알 수 있습니다.

사도 바울의 복음편지들인 서신서들을 통해 우리도 복음에 대한 열정을 더욱 확고히 하는 시간이 되었으면 좋겠습니다. 지금부터 사도행전과 함께 역사순으로 서신서들을 듣겠습니다.

성경통독 Bible Tongdok (84.3분)

〈통독성경〉 318-332일 | 행 6장-고후 4장 | pp.180-244 | 1.7배속

318일	사도행전 6-9장	그리스도인 핍박과 열방을 향한 흩어짐
319일	사도행전 10-12장	베드로와 고넬료의 만남

320일	사도행전 13장-15:35	1차 전도여행과 예루살렘 공의회
321일	사도행전 15:36-18:22	2차 전도여행
322일	데살로니가전서 1-5장	믿음의 진보를 이루라
323일	데살로니가후서 1-3장	수고하여 구원을 이루어가라
324일	갈라디아서 1-3장	진리 안에서 자유하라
325일	갈라디아서 4-6장	성령의 열매를 맺으라
326일	사도행전 18:23-19장	3차 전도여행
327일	고린도전서 1-4장	십자가의 도
328일	고린도전서 5-8장	교회를 위한 권면
329일	고린도전서 9-11장	스스로 권리를 포기한 바울의 당부
330일	고린도전서 12-14장	성령이 주신 은사
331일	고린도전서 15-16장	그리스도의 부활과 연보
332일	고린도후서 1-4장	너희는 그리스도의 편지

분석 Analysis

신약은 마태복음에서부터 요한계시록까지 27권 전체가 로마 제국의 우산 아래 있습니다. 우리나라가 1910년에서 1945년까지 일제강점기를 겪은 것과 마찬가지입니다. 유대가 로마 제국의 지배하에 있으면서 예수 그리스도의 복음은 오히려 '모든 길은 로마로 통한다.' 는 말처럼 로마 제국의 길을 따라 예루살렘에서부터 땅끝까지 퍼져나가기 시작했습니다. 이 귀하고 아름다운 일에 사도들이 쓰임 받은 것입니다. 사도행전과 이어지는 사도 바울의 서신서들은 복음이 퍼져나간 아름다운 이야기들입니다.

암송 Recitation

"안디옥 교회에 선지자들과 교사들이 있으니 곧 바나바와 니게르라 하는 시므온과 구레네 사람 루기오와 분봉 왕 헤롯의 젖동생 마나엔과 및 사울이라 주를 섬겨 금식할 때에 성령이 이르시되 내가 불러 시키는 일을 위하여 바나바와 사울을 따로 세우라 하시니 이에 금

식하며 기도하고 두 사람에게 안수하여 보내니라"(행 13:1-3)

M 묵상 Meditation

예수님께서 승천하시기 전 이 땅에 마지막으로 남긴 말씀은 예수 그리스도의 복된 소식인 복음을 땅끝까지 전하라는 것이었습니다. 그런데 그 복음은 '예루살렘과 온 유대와 사마리아와 땅끝까지' 라고 순서가 정해져 있었습니다. 복음이 땅끝까지 퍼져나가면서 사마리아를 반드시 거치라는 것입니다. 북이스라엘이 앗수르 제국에게 멸망하고 그동안 약 800여 년간 사마리아는 저주받은 곳이었습니다. 그런데 예수 그리스도로 말미암아 사마리아까지 다시 회복되고 있는 것입니다. 다른 무엇이 아닌 예수 그리스도만이 언제나 진정한 힐링입니다.

H 하나님의 마음 Heart of God

본문을 들으며 나의 생각을 잠시 내려놓고 하나님의 마음을 생각해 봅시다.

● 메모

4 day 26	시간	pm.12:50~pm.2:20	총 소요 시간	92.9분
	통독 범위	고린도후서 5장~디모데전서 6장 (333~348일)		

진행률   96%

전체 이야기 Whole Story (4분)

사도 바울의 서신서들은 대체로 사도 바울이 전도했던 곳에 보낸 편지들입니다. 그런데 로마서는 그렇지 않습니다. 사도 바울은 로마서를 기록하기 전에 로마를 가본 적이 없었습니다. 그럼에도 불구하고 사도 바울이 한 번도 얼굴을 대면하지 않은 로마 교회에 편지를 써 보낸 것은 그만한 이유가 있었습니다.

사도 바울의 1,2,3차 전도여행의 베이스캠프는 안디옥교회였습니다. 그런데 사도 바울은 더 나아가 당시 사람들이 땅끝이라고 여겼던 서바나(스페인)까지 복음을 전하려 했습니다. 서바나까지 복음을 전하러 가기 위해서는 반드시 로마 교회의 도움이 필요했습니다. 그래서 로마 교회에 편지를 보내 자신의 뜻을 전하며, 동시에 복음이 무엇인지를 진지하게 적어 보낸 것입니다.

모세가 120세에 죽기 직전까지 최선을 다해 하나님의 말씀을 전했던 것처럼, 사도 바울도 당시에 이미 연로해가고 있음에도 불구하고 복음전파에 대한 열정이 조금도 줄어들지 않고 있음을 보여주고 있습니다.

우리도 나이가 들어감에 따라 어렸을 때보다, 젊었을 때보다 복음의 순수성을 더 귀하게 지키고 그 귀한 복음을 더 열심히 전하는 그리스도인이 되어야 할 것입니다. 이것이야말로 말씀을 듣고 읽은 사람이 할 수 있는 가장 놀라운 복입니다. 계속해서 하나님의 말씀을 만납시다.

성경통독 Bible Tongdok (88.9분)

〈통독성경〉 333-348일 | 고후 5장-딤전 6장 | pp.244-313 | 1.7배속

333일	고린도후서 5-9장	그리스도인의 구별된 삶
334일	고린도후서 10-13장	바울의 참된 자랑
335일	사도행전 20:1-6, 로마서 1-3장	복음에 빚진 자
336일	로마서 4-7장	은혜 안에 거하는 그리스도인
337일	로마서 8-11장	끊을 수 없는 하나님의 사랑
338일	로마서 12-14장	그리스도인의 새로운 삶
339일	로마서 15-16장	땅끝 비전과 받음직한 섬김
340일	사도행전 20:7-23장	마지막 예루살렘 방문
341일	사도행전 24-26장	가이사랴에서의 2년
342일	사도행전 27-28장	로마 교인들과의 만남
343일	에베소서 1-3장	기쁘신 뜻대로 예정하신 구원
344일	에베소서 4-6장	그리스도 안에서 하나됨
345일	빌립보서 1-4장	고난 중의 기쁨과 감사
346일	골로새서 1-4장	우주의 주권자 예수 그리스도
347일	빌레몬서 1장	기적의 편지
348일	디모데전서 1-6장	예수의 선한 일꾼

 분석 Analysis

바울 서신 13권은 모두 A.D.64년 로마 대화재 사건 이전에 기록된 복음편지들입니다. 바울 서신의 발신자는 모두 사도 바울 한 사람이지만, 수신자는 소아시아 교회들과 마케도니아와 그리스의 유럽 교회들, 로마 교회, 그리고 바울이 개인적으로 보낸 편지들까지 총망라합니다. 바울 서신서는 복음에 대한 올바른 정의와 기독론, 교회론 등 오늘날 신학의 기초를 모두 제공하고 있습니다. 사도 바울은 로마 시민권자이자 율법에 정통한 가말리엘 문

하의 지식인으로 예수님을 만난 그리스도인이 어떠한 삶을 살아야 하는지 가장 좋은 모델을 보여주고 있습니다.

R 암송 Recitation

"우리가 아직 죄인 되었을 때에 그리스도께서 우리를 위하여 죽으심으로 하나님께서 우리에 대한 자기의 사랑을 확증하셨느니라"(롬 5:8)

M 묵상 Meditation

사도 바울은 당대 최고의 지식인이자, 행동하는 그리스도인이었습니다. 무엇보다 사도 바울은 예수 그리스도를 만난 이후부터 어떤 슬럼프도 없이 그의 평생에 걸쳐 달려갈 길을 모두 마치고 면류관을 기대하는 최고의 삶을 산 사도였고, 하나님의 사람이었습니다. 예수 그리스도의 값진 복음을 받은 자에게는 슬럼프가 있을 수 없습니다. 찬송하고 기도하며 성경을 늘 듣고 읽고 묵상하는 그리스도인은 늘 주의 은혜 안에 거하기 때문입니다. 주님의 귀한 은혜 안에 거하게 하시는 성령님께서 우리를 늘 돕고 계십니다.

H 하나님의 마음 Heart of God

본문을 들으며 나의 생각을 잠시 내려놓고 하나님의 마음을 생각해 봅시다.

● 메모

4 day 27	시간	pm.2:30~pm.4:20	총 소요 시간	104.1분
	통독 범위	디도서 1장~요한계시록 22장 (349~365일)		

진행률   100%

● 통通트랙 7 ^{Tong Tracks} – '공동서신 9권'(7분)

바이블 통(通)트랙스 7의 마지막 트랙인 7번째 트랙은 '공동서신 9권'입니다. 공동서신은 A.D.64년 로마 대화재 사건 이후 로마 제국의 황제 네로가 기독교를 박해하기 시작하면서 초기 기독교의 위기 가운데 기록된 초기 기독교 지도자들의 편지들입니다.

'사도행전 30년'까지 기독교는 유대교의 방해로 인해 많은 어려움을 겪었습니다. 그런데 유대교의 방해를 넘어 로마 제국의 박해는 초기 기독교 지도자 200여 명의 순교로부터 시작하여 기독교인들이 신앙을 지키기 힘들 수준까지 그 강도가 극심했습니다.

예수를 믿기로 작정했던 기독교인들이 유대교로 돌아가려고 하는 분위기가 생겨났고, 여기저기에서 이단들까지 성행하기 시작했습니다. 이에 교회 지도자들은 성도들을 격려하고 믿음을 지키게 하기 위해 혼신의 힘을 다해야 했습니다. 그 노력의 하나가 바로 성도들에게 보내는 편지였습니다. 공동서신 9권은 그러한 배경에서 기록된 9권의 서신서들입니다.

때문에 공동서신 9권의 분위기는 '로마 제국의 박해 속에서 하나님 나라를 실현'하는 분위기라 할 수 있습니다. 믿음의 선배들의 고귀하고 숭고한 정신은 오늘을 사는 우리에게도 큰 도전이 됩니다. 공동서신 9권을 통해 더 나은 믿음의 진보를 이루어야 할 것입니다.

전체 이야기 Whole Story (4분)

48시간 역사순 성경듣기의 끝이 곧 보입니다. 모든 끝은 시작이 있었기 때문입니다. 좋은 시작으로 인해 우리는 곧 아름다운 끝을 보게 될 것입니다. '태초의' 이야기인 창세기에서 시작하여 우리는 이제 '새 하늘과 새 땅'을 기대할 수 있는 요한계시록을 들을 것입니다. 요한계시록은 믿음을 지킨 자들의 승리의 노래입니다.

이제 바울 서신에 이어 공동서신인 히브리서와 야고보서와 베드로전·후서를 듣겠습니다. 그리고 우리는 마침내 요한계시록을 들을 것입니다. 요한계시록 22장을 만날 차례가 되면 창세기 1장을 다 같이 낭독했을 때의 감격을 되살려 다 함께 일어서서 크게 한 목소리로 읽겠습니다.

계속해서 하나님이 말씀을 들으십시오. 그리고 사무엘이 그의 스승 엘리 제사장에게 배워서 하나님께 기도했듯이 "주여 말씀하소서, 주의 종이 듣겠나이다."의 마음을 체험하십시오.

성경통독 Bible Tongdok (90.1분)

〈통독성경〉 349-365일 | 딛 1장-계 22장 | pp.313-380 | 1.7배속

349일	디도서 1-3장	희망의 상속자
350일	디모데후서 1-4장	복음과 함께 고난 받으라
351일	히브리서 1-4장	오직 완전하신 예수 그리스도
352일	히브리서 5-10장	율법의 완성이신 예수
353일	히브리서 11-13장	삶으로 증거 되어야 할 이름, 예수
354일	야고보서 1-5장	행함, 믿는 자의 움직임
355일	베드로전서 1-5장	소망의 반석

🅰 분석 Analysis

A.D.64년 로마 대화재 사건은 당시 기독교를 믿는 성도들의 삶에 큰 변화를 가져다주었습니다. 그동안 기독교는 유대인들의 복음 전파 방해 때문에 고초를 겪었는데, AD.64년 로마 대화재 사건 이후부터는 로마 제국의 박해까지 견뎌내야 했기 때문입니다. 공동서신 9권은 유대인들의 복음 전파 방해와 로마 제국의 박해, 그리고 그 당시 나타나기 시작한 이단으로부터 그리스도인들을 보호하기 위한 초기 기독교 지도자들의 치열한 선한 싸움의 결과물이었습니다. 선한 싸움의 결론은 당연히 그리스도의 최후 승리입니다.

🅡 암송 Recitation

"믿음이 없이는 하나님을 기쁘시게 하지 못하나니 하나님께 나아가는 자는 반드시 그가 계신 것과 또한 그가 자기를 찾는 자들에게 상 주시는 이심을 믿어야 할지니라"(히 11:6)

🅜 묵상 Meditation

창세기에서 태초에(In the beginning)를 말씀하신 하나님께서 요한계시록에서 '새 하늘과 새 땅'을 말씀하십니다. 온 우주만물을 창조하신 창조주 하나님만이 하실 수 있는 말씀입니다. 그 하나님께서 우리의 아버지이십니다. 우리가 하나님 나라의 천국 백성이기 때문입니다. 예수 그리스도를 믿는 그리스도인들은 이미 승리자입니다. 성경이 우리에게 그렇게 말씀하고 있기 때문입니다. 아멘, 주 예수여 오시옵소서.

🔲 하나님의 마음 Heart of God

본문을 들으며 나의 생각을 잠시 내려놓고 하나님의 마음을 생각해 봅시다.

● 마치는 기도 (3분)

기적의 책인 성경을 우리에게 선물로 주신 하나님, 감사합니다.

하나님의 은혜 가운데 **48시간 역사순 성경듣기**를 무사히 마쳤습니다.

감사와 영광과 찬송을 하나님께 올립니다.

하나님의 뜻이 이 땅에 이루어지도록

하나님의 뜻이 담긴 성경을 더욱 가까이 하는 인생이 되도록

성령님 우리를 도와주소서.

하나님의 기쁨이 되는 인생을 꿈꿉니다.

하나님의 마음을 시원하게 해드리는 믿음의 고백을

날마다 드리는 귀한 삶을 살게 하소서.

우리를 죄에서 구원해주신

예수 그리스도의 거룩하신 이름으로 기도합니다.

● 주기도 – 다 같이

예수님께서 우리에게 가르쳐주신 기도로 마칩니다.

● 메모

부록

● 분열왕국 왕들과 선지자들 한눈에 보기

활동선지자	북왕국(재위기간)	연도(B.C)	남왕국(재위기간)	활동선지자
아히야, 잇도 등	여로보암 1세 (22) ①	931	① 르호보암 (17)	스마야, 잇도
		913	② 아비얌 (3)	잇도
	나답 (2) ②	910	③ 아사 (41)	아사랴, 하나니
예후	바아사 (24) ③	909		
	엘라 (2) ④	886		
	시므리 (7일) ⑤	885		
	오므리 (12) ⑥	885		
엘리야	아합 (22) ⑦	874		
		872	④ 여호사밧 (25)	예후, 아하시엘, 엘리에셀
엘리야, 엘리사	아하시야 (2) ⑧	853		
엘리사	여호람(요람) (12) ⑨	852		
		848	⑤ 여호람(요람) (8)	
엘리사	예후 (28) ⑩	841	⑥ 아하시야 (1)	
		841	⑦ 아달랴 (6)	
		835	⑧ 요아스 (40)	
엘리사	여호아하스 (17) ⑪	814		
	요아스 (16) ⑫	798		
		796	⑨ 아마샤 (29)	
아모스, 호세아, 요나	여로보암 2세 (41) ⑬	793		
		790	⑩ 웃시야(아사랴) (52)	이사야
호세아	스가랴 (6개월) ⑭	753		
호세아	살룸 (1개월) ⑮	752		
호세아	므나헴 (10) ⑯	752		
		751	⑪ 요담 (16)	이사야, 미가
호세아	브가히야 (2) ⑰	742	⑫ 아하스 (16)	이사야, 미가
호세아, 오뎃	베가 (20) ⑱	740		
호세아	호세아 (9) ⑲	732		
		725	⑬ 히스기야 (29)	이사야, 미가
	북왕국 멸망 (약 210년)	722		
		697	⑭ 므낫세 (55)	
		642	⑮ 아몬 (2)	
		640	⑯ 요시야 (31)	예레미야, 나훔, 스바냐
		609	⑰ 여호아하스 (3개월)	예레미야
		609	⑱ 여호야김 (11)	예레미야, 하박국
		598	⑲ 여호야긴 (3개월)	예레미야, 다니엘
		598	⑳ 시드기야 (11)	예레미야, 다니엘, 에스겔
		586	남왕국 멸망 (약 345년)	오바댜

이스라엘 왕들의 통치 연대는 학자들 간에 정확히 일치하지 않습니다. 부분적으로는 잘못 계산된 경우도 있으며, 남유다와 북이스라엘의 연대 계산법이 서로 일치하지 않았기 때문으로 보입니다. 또한 유다에는 '공동섭정제도'가 있어 왕과 아들이 일정기간 동안 함께 나라를 다스리기도 했습니다. 남왕국과 북왕국의 분열 시기도 B.C.931년설, B.C.922년설 등으로 여러가지 설이 있습니다.

● 바울의 전도여행과 서신서들

순서	기간	여행지역 및 특징	바울서신	공동서신
1차 전도여행	A.D.46-48 (약 2년)	- 소아시아 전도 　(구브로, 이고니온, 루스드라 등)		
예루살렘 공의회		＊ 핵심 인물 : 바울, 바나바, 베드로, 예수님의 동생 야고보 및 사도와 장로들 ＊ 논의 사항 : 이방인 중에 그리스도를 영접하는 사람들을 어떻게 할 것인가? ＊ 주장 : 바울과 바나바가 전도여행 중 이방인이 하나님을 믿음을 증언 　　　　　베드로가 이방인 고넬료가 성령 받음을 증언 　　　　　야고보가 선지자의 기록을 들어 바울과 바나바와 베드로의 주장을 확증 ＊ 결론 : 이방인 중에서 하나님께로 오는 자를 괴롭게 말 것		
2차 전도여행	A.D.50-52 (약 3년)	- 유럽(마게도냐) 전도 　(빌립보, 아덴, 고린도, 에베소 등) - 고린도에서 1년 6개월 머묾	살전·후(A.D.51-52) 갈(?)	
3차 전도여행	A.D.53-58 (약 4년-)	- 아시아 전도 　(앗소, 미둘레네, 바다라 등) - 에베소 두란노서원에서 2-3년 머묾 - 고린도에서 3개월 머묾 - 예루살렘에서 체포되어 　가이사랴 감옥에 2년 머묾	고전·후(56-57) 롬(57?)	
로마감옥 1차 투옥	A.D.61-63 (약 2년)	- 가이사랴에서 로마로 호송되어 　가택 연금됨	엡,골,빌,몬(옥중서신) (61-63)	히(A.D.60) 약(62)
4차 전도여행	A.D.63-66	- 2년 정도 석방 기간 - 니고볼리 전도집회 계획 - 디모데, 디도 등과 동행 - 디모데는 에베소에, 　디도는 그레데에 남겨둠	딤전(63-66) 딛(63-66)	
로마감옥 2차 투옥	A.D.66-67	- 네로 황제의 박해	딤후(66-67)	벧전(64) 벧후(66)
바울 순교	A.D.67			유(70-80) 요일(90) 계(95-96)

＊ 표시된 연대에 대해서는 다른 견해가 주장되기도 하나 대동소이하다.

● 출애굽 경로

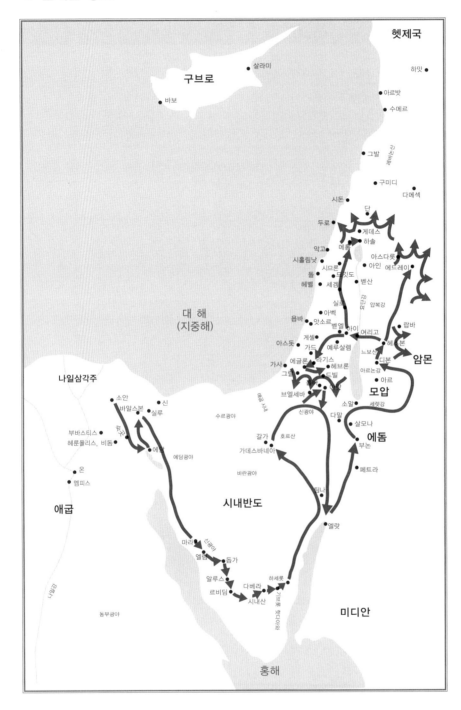

헷제국

살라미

구브로

바보

하맛

아르밧

수메르

그발

구미디

다메섹

시돈

단

두로

게데스

하솔

메롬

야고

아스다롯

시홀림낫

아인 에드레이

돌

시므론

두깃도

헤벨

세겜

벧산

실로

압복강

욥바

아벡

앗소르

벧엘 아이

여리고

아스돗

게셀

예루살렘

랍바

헤스본

가드

느보산

암몬

가사

에글론

라기스

헤브론

디본

그랄

드빌

아르논강

브엘세바

아랏

아르

모압

소알

세렛강

나일삼각주

소안

신

바알스본

실루

수르광야

신광야

다말

살모나

부바스티스

갈가

호르산

부논

에돔

헤룬폴리스, 비돔

가데스바네아

에담

에담광야

바란광야

페트라

온

멤피스

대 해
(지중해)

애굽

시내반도

딤나

엘랏

마라

신광야

엘림

돕가

알루스

다베라

하세롯

르비딤

시내산

기브롯 핫다아와

미디안

동부광야

홍해

● 열두 지파와 가나안 땅의 분배

지중해

시돈

이욘

헤르몬 산

단

게데스

하솔

긴네렛

아벨

납달리

기스혼

악삼

스불론

기시온

욕느암

헬갓

잇사갈

오브라

돌

므깃도

이스르엘

다아낙

벳스안

갈릴리 호수

아스다롯

바산

아르묵 강

가몬

에드레이

길르앗라못

므 낫 세

요단 강

사밀

사본

세겜

마하나임

비라돈

압복강

욕바

아벡

가드림몬

에브라임

실로

단

벤엘

아이

엘드게

게셀

벤호론

길갈

깁브돈

아얄론

기브온

여리고

헤스본

갓

암몬

랍바

야셀

메바앗

브셀

아스돗

아스글론

가드(?)

에그론

예루살렘

베냐민

벳세메스

야르뭇

베들레헴

느보 산

가사

라기스

헤브론

유 다

르우벤

야하스

아로엘

그랄

드빌

에스드모아

염 해

아르논강

모압

아랏

모압길

브엘세바

시므온

네겝

소알

세렛 시내

아라바

다말

살모나

보스라

가데스 바네아

신광야

부논

155

● 북이스라엘 왕국과 남유다 왕국

시돈

사르밧

다메섹

헤르몬 산

두로

아람

레바논 산

베니게

단

게데스

하솔

지중해

갈릴리

바산

갈릴리 호수

갈멜산

수넴

므깃도

이스르엘

요단강

라못

이 스 라 엘

길르앗

사마리아

세겜

암몬

실로

욥바

벧엘

길갈

에그론

게바

여리고

예루살렘

립나

베들레헴

아스돗

아스글론

라기스

헤브론

염해

유 다

가사

모 압

브엘세바

블레셋

에 돔

● 신약시대의 팔레스타인

지중해

아빌레네

수 리 아

레바논산

시돈

사렙다

두로

헤르몬산

가이사랴 빌립보

갈릴리

돌레마이

고라신
가버나움

벳새다

마가단

디베랴

갈릴리
호수

갈멜 산

가나

나사렛

나인

다볼 산

가다라

가이사랴

데 가 볼 리

살렘

사 마 리 아

애논

사마리아

에발 산

그리심 산

수가

거라사

요단강

욥바

아리마대 ?

베뢰아

에브라임

여리고

엠마오

아소도

예루살렘

베다니

쿰란

아스글론

유 대

베들레헴

가사

헤브론

염해

이 두 매

나 바 티 안

● 바울의 1차 전도여행

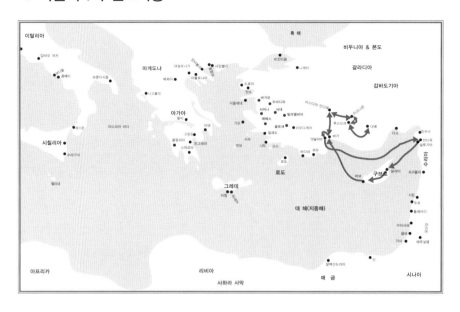

• 핵심 인물 : 바울과 바나바   • 주요 여행 지역 : 소아시아 지방   • 총 여행 기간 : 약 2년

수리아 안디옥(13:1, 안디옥교회가 중요한 선교센터로 역할하여 바울과 바나바를 소아시아 지역 선교사로 파송)→ 실루기아(13:4)→ 구브로 섬의 살라미(13:5, 유대인의 여러 회당에서 말씀을 전하고, 총독 서기오 바울을 전도)→ 바보(13:6)→ 밤빌리아의 버가(13:13, 마가가 전도여행 팀에서 빠지고 예루살렘으로 회항)→ 비시디아 안디옥(13:14, 세 안식일을 보냄, 안식일에 회당에서 전도, 청함을 받아 다음 안식일에도 전도, 세 번째 안식일에는 크나큰 무리가 모임, 이를 시기한 유대인들로부터 핍박을 받아 이동)→ 이고니온(13:51, 유대인의 회당에서 전도, 불순종하는 유대인들로부터 생명의 위협을 받고 이동)→ 루스드라(14:6, 바울이 앉은뱅이를 일으킴, 이 일을 보고 들은 무리가 바나바를 제우스, 바울을 헤르메스로 여기며 섬기려 하자 두 사람이 옷을 찢으며 말림, 불순종한 유대인들이 무리를 충동질하여 무리의 마음이 변하자 신으로 섬기려 했던 바울과 바나바를 오히려 돌로 쳤는데, 바울을 죽은 줄로 알고 성 밖으로 끌어냄)→ 더베(14:20, 복음을 전하여 많은 사람을 제자 삼음, 이 곳을 기점으로 다시 수리아 안디옥으로 돌아가는 여정이 시작됨)→ 루스드라(14:21, 돌아오는 차에 들러 제자들을 격려하며 기도를 부탁)→ 이고니온(14:21, 돌아오는 차에 들러 제자들을 격려하며 기도를 부탁)→ 비시디아 안디옥(14:21, 돌아오는 차에 들러 제자들을 격려하며 기도를 부탁)→ 밤빌리아의 버가(14:25)→ 앗달리아(14:25)→ 수리아 안디옥(14:26)→ 예루살렘(15:4, 교회와 장로들에게 선교보고)

● 바울의 2차 전도여행

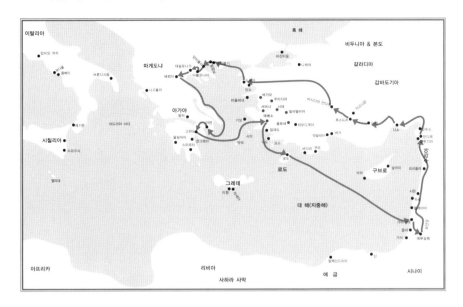

• 핵심 인물 : 바울과 실라 • 주요 여행 지역 : 성령의 인도하심으로 유럽(마게도냐) 지역으로 건너감
• 총 여행 기간 : 약 3년 (그 중 고린도에서 1년 6개월 머뭄)   • 기록된 서신서 : 살전, 살후, 갈

예루살렘→ 수리아 안디옥(15:41, 바울이 실라와 함께 2차 전도여행 출발)→ 길리기아의 다소
(15:41)→ 더베(16:1)→ 루스드라(16:1, 디모데의 고향, 이곳에서 디모데 합류)→ 비시디아 안디옥
(16:6, 루스드라에서 무시아로 가는 길목에 비시디아 안디옥이 위치함)→ 무시아(16:7)→ 드로아
(16:8, 바울이 밤에 환상으로 마게도냐로 가라는 성령의 지시를 받음, 이곳에서 누가 합류)→ 사모드
라게의 네압볼리(16:11, 바울이 성령의 지시를 따라 배를 타고 마게도냐 지역으로 건너감)→ 빌립보
(16:12, 마게도냐 지경의 첫 성, 자색 옷감 장사 루디아 만남, 귀신 들린 여종을 고쳐줌, 귀신 들린 여
종이 점을 치면서 돈을 벌게 했던 여종의 주인이 바울 일행을 핍박하고 옥에 가둠, 바울 일행이 옥에
서 기도하는 중 지진이 일어나 옥문이 열리는 사건을 계기로 간수장이 그리스도를 영접함)→ 암비볼
리(17:1)→ 아볼로니아(17:1)→ 데살로니가(17:1, 유대인의 회당에서 많은 수를 전도, 이를 시기한
유대인들의 위협으로 이동)→ 베뢰아(17:10, 신사적인 베뢰아 사람들은 성경을 상고, 그러나 데살로
니가의 불순종한 유대인들이 회동하여 베뢰아까지 따라오자 바울이 먼저 이동)→ 아덴(16:16, 바울
이 실라와 디모데를 기다리며 복음을 전하나 몇 사람이 믿음)→ 고린도(18:1, 브리스길라와 아굴라
만남, 실라와 디모데와 합류, 1년 6개월 거하며 말씀을 가르침, 이 기간 동안 갈라디아서, 데살로니
가전서, 데살로니가후서를 써서 보낸 것으로 봄, 이곳을 기점으로 다시 수리아 안디옥으로 돌아오는
여정이 시작됨)→ 겐그레아(18:18)→ 에베소(18:19, 회당에서 유대인들과 변론, 머물러 주기를 청함
받았으나 이동)→ 로도(에베소에서 예루살렘으로 가는 항해로 사이에 위치한 섬)→ 가이사랴
(18:22)→ 예루살렘(18:22)→ 수리아 안디옥(18:22)

● 바울의 3차 전도여행

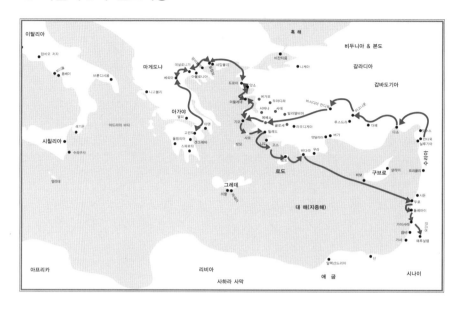

- 핵심 인물 : 바울과 누가   • 주요 여행 지역 : 1, 2차 전도여행지를 돌며 돌봄
- 총 여행 기간 : 약 4년 (그 중 에베소 두란노서원에서 2년 머묾)   • 기록된 서신서 : 고전, 고후, 롬

안디옥(18:23)→ 에베소(19:1, 두란노 서원을 세워 2년간 머묾, 이때 고린도전서, 고린도후서를 써서 각각 디모데와 디도를 통해 보낸 것으로 봄, 서원에서 하나님 나라를 강론하자 많은 무리가 믿고 모임, 우상의 신상을 만들어 팔던 장사꾼들의 훼방, 소동이 그치고 작별)→ 고린도(20:1, 석 달 머묾, 이때 로마서를 써서 뵈뵈를 통해 보낸 것으로 봄, 배를 타고 수리아로 가려했으나 유대인의 훼방 소식을 듣고 마게도냐로 돌아가기로 함)→ 빌립보(디모데, 두기고, 가이오, 아리스다고, 소바더, 드로비모는 고린도에서 바로 배를 타고 먼저 드로아로 가 있는 상황, 바울과 누가는 불순종한 유대인을 피해 빌립보로 올라와서 배를 탐)→ 드로아(20:6, 일행 합류, 일주일을 머물며 말씀 강론, 2층에서 말씀을 듣다 졸던 유두고가 떨어져 죽었다가 살아남)→ 앗소(20:14 바울만 육로를 통해 앗소로 행하고, 다른 일행은 배를 타고 앗소로 와서 바울을 기다렸다가 합류)→ 미둘레네(20:14)→ 기오(20:15)→ 사모(20:15)→ 밀레도(20:15, 오순절 안에 예루살렘으로 가기 위해 직접 에베소로 가지 않고 에베소 장로들을 밀레도로 초청하여 위로와 격려, 밀레도에서 배를 탐)→ 고스(21:1)→ 로도(21:1)→ 바다라(21:2)→ 두로(21:3)→ 돌레마이(21:7)→ 가이사랴(21:8, 일곱 집사 중 하나인 빌립의 집에서 유함, 여러 사람의 만류에도 예루살렘 행 결정)→ 예루살렘(21:15)